大学来了

——E时代大学生学习指导

刘俊学 曹毅 张冬毛 编著

李治军 李兴华 倪鑫庭 毛娜 吴文 参编

高等教育出版社·北京

内容提要

本书力求通过对E时代背景下大学学习资源、学习制度与学习方法的介绍和分析，帮助大学生在熟悉学习资源和学习制度的基础上，探寻自主学习的策略和方法，掌握网络学习的手段和工具，促使学生自主学习、自主规划学习进程以提升学习能力，达成学习目的。

全书由五部分构成，即总论、课程资源、知识资源、学习制度、学习方法和学习能力。总论重点介绍课程主要内容与学习要求，课程资源主要介绍大学校内、校外课程资源，知识资源主要介绍网络学习资源，学习制度介绍学分、学籍等相关规定，学习方法部分重点探讨学习方法与提升学习能力等。

本书主要面向高等学校本科一年级新生，也可供其他读者阅读。

图书在版编目（CIP）数据

大学来了：E时代大学生学习指导 / 刘俊学，曹毅，张冬毛编著. -- 北京：高等教育出版社，2018.8（2024.9重印）

ISBN 978-7-04-049954-4

Ⅰ. ①大… Ⅱ. ①刘… ②曹… ③张… Ⅲ. ①大学生-学习方法-高等学校-教材 Ⅳ. ①G642.46

中国版本图书馆CIP数据核字(2018)第132358号

Daxue Laile
——E Shidai Daxuesheng Xuexi Zhidao

策划编辑 张琦玮 责任编辑 高聚平 封面设计 张申申 版式设计 杜微言
插图绘制 于 博 责任校对 吕红颖 责任印制 耿 轩

出版发行 高等教育出版社
社 址 北京市西城区德外大街4号
邮政编码 100120
印 刷 山东百润本色印刷有限公司
开 本 787mm × 960mm 1/16
印 张 8.5
字 数 140千字
购书热线 010-58581118
咨询电话 400-810-0598
网 址 http://www.hep.edu.cn
http://www.hep.com.cn
网上订购 http://www.hepmall.com.cn
http://www.hepmall.com
http://www.hepmall.cn
版 次 2018年8月第1版
印 次 2024年9月第8次印刷
定 价 18.40元

物 料 号 49954-00

大学来了

——E时代
大学生学习指导

刘俊学
曹　毅
张冬毛　编著

1 计算机访问http://abook.hep.com.cn/1255961，或手机扫描二维码、下载并安装Abook应用。

2 注册并登录，进入“我的课程”。

3 输入封底数字课程账号（20位密码，刮开涂层可见），或通过Abook应用扫描封底数字课程账号二维码，完成课程绑定。

4 单击“进入课程”按钮，开始本数字课程的学习。

课程绑定后一年为数字课程使用有效期。受硬件限制，部分内容无法在手机端显示，请按提示通过计算机访问学习。

如有使用问题，请发邮件至abook@hep.com.cn。

扫描二维码
下载Abook应用

http://abook.hep.com.cn/1255961

前　言

随着大学生市场主体地位逐步确立、学生自主选择意识的提高和自主选择范围的扩大，大学逐渐演变成了一种以突出学生自主选择权为核心的教育组织形式。学习指导是大学的学习指南。

本书是在网络课程“大学来了——E 时代大学生学习指导”录制脚本的基础上修改而成。该课程从目标定位到知识点的确定，经历了大量的调研和讨论，最终形成了课程体系。本书使命为“把握时代脉搏、转变学习方式；推介学习资源、解读学习制度；探寻学习方法、提升学习能力”，并将对“学习资源”、“学习制度”的介绍与“学习方法”、“学习能力”的探讨作为课程的核心和主要内容。本书由刘俊学、曹毅、张冬毛牵头，各章节具体分工如下：第 1 章由刘俊学编写；第 2 章由刘俊学、李治军编写；第 3 章由曹毅编写；第 4 章由张冬毛、倪鑫庭编写；第 5 章由李兴华、毛娜、吴文编写。

本书在论证过程中，陈健、肖正彬等老师参与了部分研究和讨论，并提供了一些相关资料；湖南工学院课程中心、大学生发展研究中心给予了大力支持。本书编写过程中参考借鉴了国内外相关教材、专著及网络资料，编者在此一并向各位老师和作者表示衷心的感谢！

由于编者水平所限，写作过程中难免存在疏漏之处，真诚希望广大读者不吝赐教，以便我们进一步修改完善。

编　者

2018 年 6 月

目录

第 1 章 大学学习那些事

课 件

1.1 大学的构成

视频

大学学习会怎样？进入大学后该怎样适应？这是每位刚迈入大学校门的同学都很关注和很想了解的问题。形象地说，进入大学就好比进入了一个大型超市。

超市是零售业为提高效益、降低成本而采用的一种有效的商业组织形式。超市打破了传统的柜台模式，它的出现是一场全新的零售业革命。超市消除了供应者与消费者的距离，为顾客构建了更为舒适、自由的购物空间。

大学像超市须具有以下条件：第一，学生要有较强的自主学习、自我管理的意识；第二，大学要有尽可能多的可供学生选择的学习资源；第三，大学要有一套能让学生顺利进行学习选择的制度和方法；第四，大学要建有良好的学习环境与学习支持服务体系。

大学发展到今天，上述条件已基本具备。一是随着“交费上学”“自主择业”等系列改革措施的实施，大学生的市场主体地位已逐步确立，自主选择意识逐渐增强；二是慕课的形成与发展，使得课程资源的选择从校内拓展到校外，可供选择的范围与资源不断增加；三是学分制的逐步推行，更是奠定了大学课程选择的制度基础，为学生自主学习、自我选择提供了坚实的制度保障。2015 年教育部颁布的《教育部关于加强高等学校在线开放课程建设应用与管理的意见》，更是要求各高校适应在线开放课程发展的新要求，推进在线开放课程学分认定和学分管理制度的创新；鼓励学生跨校跨区域选修课程，鼓励学校将在线开放课程纳入人才培养方案和教学计划，进一步拓展了学生自主学习、自主选择的空间。

随着系列改革政策和措施的贯彻落实，大学逐渐转变成了一种以突出学生自主选择权为核心的教育组织形式。大学就好比超市，它具有一般超市的一些共同特征。

现代超市，不论何种类型，从构成要素上来看，都包括资源、管理、环境和服务，都是为了适应消费者自主选择的需要，由资源、管理、环境和服务等共同构成的一个有机整体。以百货超市为例，琳琅满目的商品就是它的资源；门禁系统、结算系统就是它的管理；场地、摆设就是它的环境；导购、客服就是它的服务。大学从构成要素上看，也同样是由资源、管理、环境与服务所构成的有机整体。

资源体系：主要指学校提供的专业、课程及其他知识资源等。学校专业越多，课程越丰富，学生自主选择空间就越大。慕课的形成和发展，改变了教育服务的供给方式，学生已能实现跨校、跨区域，甚至跨国界选课，自主选择范围不断扩大，课程资源更加丰富。

管理体系：主要指学生自我学习、自我管理和自我服务的制度体系。学分制是大学最基本、最核心的管理制度，是与学年制相对应的一种教学管理制度。有人把学年制称为供给制，而学分制则被看作教育超市的核心制度，就是这个道理。

环境体系：有实体校园环境和虚拟校园环境之分。学习环境优越，学术氛围浓厚是其基本要求。

服务体系：学习支持服务体系，主要包括学习指导、心理咨询、就业服务、健康服务与宿管服务等。

大学的资源体系、管理体系、环境体系与服务体系共同构成了大学的有机整体（图 1-1），为学生自主学习提供了良好的资源和服务支持。

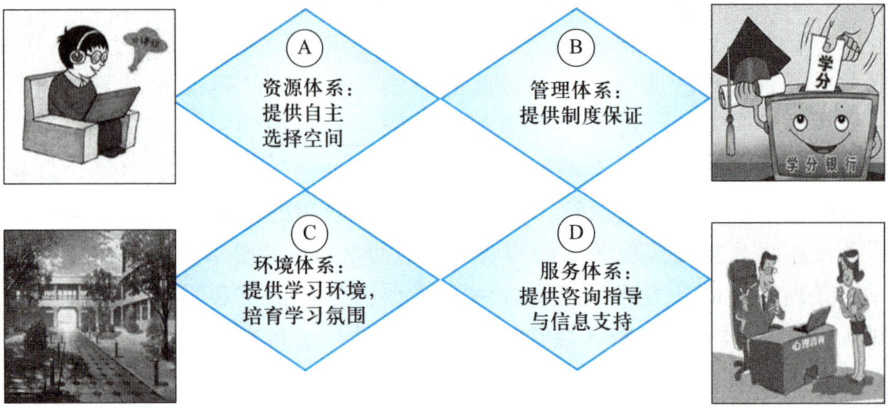

图 1-1　大学的构成

1.2　细说大学特征

视频

大学好比超市，但大学比商业超市更为复杂，除具有商业超市的品种多、服务周到等特征外，还具有一些自身的独特性（图 1-2）。

图 1-2　大学的特征

1. 大学商品的无形性

无形性指的是看不见，摸不着。自然界中，商品按其形态可分为有形的商品和无形的商品。我们又称无形的商品为服务。

课程是大学的核心“商品”，具体表现为教师的备课、教授、辅导、测评、批改作业等一系列循环的工作。学生进入大学后，实际上并不能同进入超市一样看见琳琅满目的商品，因为课程这种“商品”是无形的，具有服务的特征。这种服务的特征主要表现在以下几个方面。

第一，课程教学的差异性。不同的教师，甚至是同一教师在不同的时间的教学都是有差异的。同样的课程，不同的学生其收获也是各不相同的，甚至差异还非常之大。

第二，生产与消费的不可分离性。学生只有在上课或学习时，才能感觉到课程的存在，这意味着课程的生产过程与课程的消费过程是同时进行的，学生直接参与了课程的生产过程，课程的生产过程与消费过程具有不可分离性。

第三，课程的最终成果产品是无形的。课程的教学效果最终体现在学生的学习成果上，学生通过学习而将知识内化为自身的素质和能力，提升了自身劳动力商品的质与量，而知识和能力是无形的。

2. 大学选择的约束性

本科教育一般学制为四年。在校学习期间，学生应修完系列理论课程与实践课程，包括必修课与选修课。学习选择过程呈现出系统性和结构性等特征。

专业是由课程所构成的，一定的专业对应于一定的课程。学校根据经济社会发展的需要，设计出不同的专业，并制订了相应的人才培养方案。专业的课程体系是系统的和有结构的（图 1-3）。除了设计必修的核心课程外，学校还设计了一定的选修课程供学生选择。学生必须修满完成必修课程，学校对选修课程有规定的学分要求，对某些课程的选择，学生有决定权。

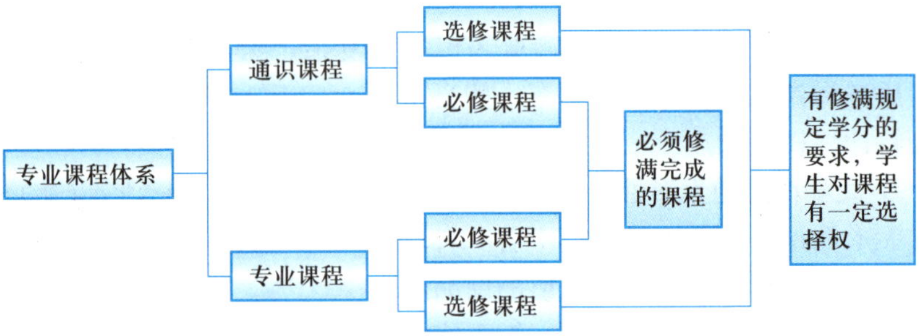

图 1-3　专业的课程体系

一般来说，学生在录取进校时就已选定了专业，实质上也就选定了一个由系列课程所构成的课程组合，或者说选定了一个“课程套餐”。这就是说，学生在大学学习也不是随心所欲的，而是有限制和约束条件的。新生入学时，学校一般都会有专业方面的介绍，其中一个重要的内容就是人才培养方案。人才培养方案大多由专业培养目标、课程体系与教学进度等内容构成，详细规定了大学学习的内容、进度及其基本要求。因此，对于每一位同学来说，了解和熟悉专业人才培养方案是十分必要的。

3. 大学消费的生产性

大学服务对象是大学生。从经济学的角度分析，学生上大学的主要目的在于求得自我人力资本的增值与提升。学生之所以求学，是因为其作为一种投资可以在未来获得较高的劳动报酬和较高的社会地位。学生交纳求学费用，并牺牲提前就业的潜在收益，目的是想通过受教育提高自身劳动力商品的质与量，增强自身的素质。因此，学生的学习过程其实质就是将知识内化为自身的能力与素质的过程，或者说是其自身劳动力商品的生产过程。

与一般超市购物不同的是，在大学中，学生不仅仅是教育服务的购买者，而更是其自身劳动力商品的生产者，大学生角色呈现出多元性。大学生既是教育服务的消费者、购买者和使用者，同时也是教育服务生产的资源供应者、合作生产者及最终受益者。

正是由于大学生学习的这一生产性特征，使得在同样的学习教育环境中，不同的学生其人力资本增值幅度是不相同的。学生劳动力商品质量的高低，不仅取决于其交纳求学费用、接受教育服务的多少，更取决于其投入的时间和精力以及个人的知识和经历等因素。

教育服务是人才成长的基础和条件，但不是人才成长的充分必要条件。

4. 大学付费的非全额性

一般来说，超市商品都是私人物品，都是由购买者个人全部付费。但大学则不同，大学教育成本实际上是由国家与个人及家庭来共同分担的。目前大致是国家约承担全部教育成本的70%，个人与家庭约占30%。当然，这是平均水平，不同类型的学校、不同类型的学生，差异还很大。

这种由国家与个人共同分担教育成本的机制，是由教育的准公共产品属性决定的，即由国家与个人及家庭的双重受益性所决定的。

5. 大学供求的复杂性

对于传统高等教育体系下高等教育的供求关系，可用双重性和过程性来概括。所谓双重性是指高等教育需求和供给的双重性，即高等教育供给一方面要满足求学者明确的和隐含的求学需求，另一方面又要满足社会经济发展对人才培养的一般质量要求；所谓过程性是指教育服务供求不仅限于招生和就业，而更存在于高等教育教学过程中，教学阶段即求学习者消费教育服务并逐渐内化为自身的知识与能力的阶段是高等教育的核心或主要阶段，其主体选择性不宜忽视。

MOOC（慕课）的兴起，使高等教育供给模式发生结构性变化，教育供求关系日趋复杂。首先，学生接受高等教育服务将不再局限于其所在的学校，而有可能是几个甚至更多学校的课程；不仅可以是本国的课程，也有可能是其他国家的课程。其次，高等教育服务的消费地点和时间也在发生转变，网络课程教学形态让学生在任何时间和任何地点进行学习成为可能，高等教育课程教学环境发生质的转变。再次，学生主体选择性和动态调整性进一步增强，学校与教师已不再是知识的唯一来源，学生信息来源和学习渠道日趋多元，学校与学生、教师与学生之间的关系渐趋平等。最后，教师与学生、学生与学生之间的互动沟通通过网络完成，互为师生成为可能，大学校园将是实体校园与网络校园的和谐统一。

这些情况表明，E时代的高等教育供求关系错综复杂，对传统高等教育管理提出了新的更高的要求。

上面我们分析了大学“产品”的无形性、选择的约束性、消费的生产性、供求的复杂性，以及付费的非全额性等大学的一些主要特征。这些特征共同决定了大学所具有的与一般超市不同的特性。

视频

1.3 学习指导有什么用

学习指导就是大学的学习指南。

自主学习是大学学习的第一特征，是大学学习与高中学习的主要区别之所在。由高中到大学，学习将会呈现出从被动到主动，从“要我学”到“我要学”等的转变。在大学，学习的选择性会逐渐增大。学什么？怎么学？困扰着大学新生们。《大学来了——E时代大学生学习指导》就是针对这一情况而开发和设计的，其目的就是想为大学新生尽快熟悉和了解大学，适应大学学习提供一些帮助。

本书拟从学习资源、学习制度和学习方法三个维度进行介绍，力求帮助大学生在熟悉学习资源和学习制度的基础上，探寻自主学习的策略和方法，掌握网络学习的手段和工具，促进学生自主学习、自主构建知识体系，自主规划学习进程以达成学习目的。

因此，我们将本书的使命定位为“把握时代脉搏，转变学习方式；推介学习资源，解读学习制度；探寻学习方法，提升学习能力”（图1-4）。

- 把握时代脉搏，转变学习方式；
- 推介学习资源，解读学习制度；
- 探寻学习方法，提升学习能力；

图 1-4 本书使命

立足使命，本书在内容安排上，由五个部分构成，即总论、课程资源、知识资源、学习制度与学习方法。总论重点介绍本书内容与学习要求；学习资源部分介绍课程学习资源和网络知识资源；学习制度部分介绍学分学籍等相关规定；学习方法部分重点探讨学习方法与学习能力提升。各章内容见（图1-5）。

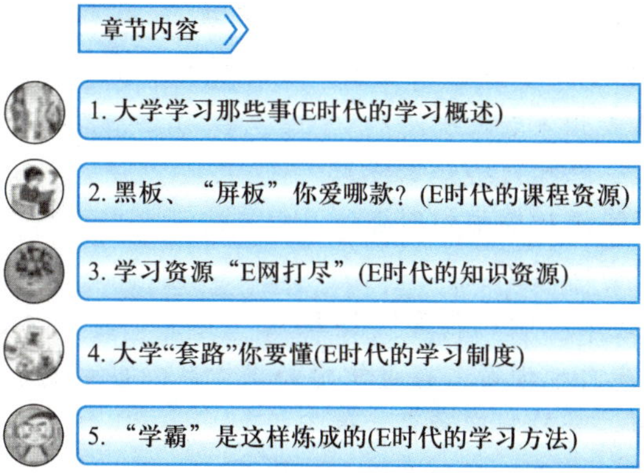

图 1-5　本书章节安排

习题

一、单项选择题

习题答案

1. ________是大学最基本最核心的管理制度。

A. 学分制　　B. 学年制　　C. 供给制　　D. 教育超市

2. 课程是无形的，具有________的特征。

A. 服务性　　B. 差异性　　C. 不可分离性　　D. 无形性

3. 大学教育成本实际上是由________。

A. 国家承担的　　B. 个人与家庭共同承担的

C. 国家与个人及家庭来共同承担的

4. 大学主要服务对象是________。

A. 大学生　　B. 国家　　C. 学生家长　　D. 社会用人单位

5. 在大学中，大学生角色呈现出________。大学生既是教育服务的消费者、购买者和使用者，同时也是教育服务生产的资源供应者、合作生产者及最终受益者。

A. 一元性　　B. 多元性　　C. 二元性　　D. 参与性

6. “E 时代大学生学习指导”课程内容包括________。

A. 总论，学习资源，学习制度与学习方法

B. 总论，学习资源，学习制度与学习工具

C. 总论，学习资源，学习内容与学习方法

D. 总论，学习课程，学习制度与学习方法

7. “E时代大学生学习指导”课程资源部分介绍________。

A. 学分学籍等相关制度规定

B. 课程学习资源和网络知识资源

C. 课程学习资源和中国知网资源

D. 学习策略与学习工具

8. “E时代大学生学习指导”课程从________三个维度进行介绍，力求帮助和促进学生自主学习、自主构建知识体系，自主规划学习进程。

A. 学习资源、学习制度和自主学习

B. 学习资源、学习制度和学习方法

C. 课程资源、学习制度和学习方法

D. 学习资源、合作学习和学习方法

9. ________是大学学习的第一特征，是大学学习与高中学习的主要区别之所在。

A. 自主学习　　B. 深度学习　　C. 合作学习　　D. 碎片化学习

10. ________课程的使命定位为“把握时代脉搏，转变学习方式；推介学习资源，解读学习制度；探寻学习方法，提升学习能力”。

A. E时代大学生学习　　B. E时代大学生学习指导

C. E时代学习指导　　D. E时代网络学习指导

11. 大学逐渐转变成了________。

A. 一种以突出学生学习为核心的教育组织形式

B. 一种以突出学生知情权为核心的教育组织形式

C. 一种以突出学生自主选择权为核心的教育组织形式

D. 一种以突出学生权益保护为核心的教育组织形式

12. ________年教育部颁布的《教育部关于加强高等学校在线开放课程建设应用与管理的意见》，要求各高校推进在线开放课程学分认定和学分管理制度的创新。

A. 2014　　B. 2015　　C. 2016　　D. 2017

13. 学生之所以求学是因为其作为一种________，可以在未来获得较高的劳动报酬和较高的社会地位，学生交纳求学费用，并牺牲提前就业的潜在收益，目的是想通过受教育提高自身劳动力商品的质与量，增强自身的素质。

A. 投入　　B. 投资　　C. 机会　　D. 消费

14. E时代高等教育服务的消费地点和时间也在发生转变，________让

学生在任何时间和任何地点进行学习成为可能，高等教育课程教学环境发生质的转变。

A. 网络课程教学形态　　B. 传统课程教学形态

C. 混合式课程教学形态

15. 专业的________是系统的和有结构的。除了设计必修的核心课程外，也还设计了一定的选修课程供学生选择。

A. 必修课程　　B. 通识课程　　C. 选修课程　　D. 课程体系

16. 大学学习的“生产性”特征，使得在同样的学习教育环境中，不同的学生其人力资本增值幅度是________

A. 相同的　　B. 不相同的

二、多项选择题

1. 大学从构成要素上来看包括________。

A. 资源　　B. 管理　　C. 环境　　D. 服务

E. 地点

2. ________共同构成了大学的有机整体，为学生自主学习提供了良好的资源和服务支持。

A. 大学的资源体系　　B. 大学的管理体系

C. 大学的环境体系　　D. 大学的服务体系

3. “E 时代大学生学习指导”的使命包括________。

A. 把握时代脉搏，转变教学方式　　B. 推介学习资源，解读学习制度

C. 探寻学习方法，提升学习能力　　D. 把握时代脉搏，转变学习方式

4. 在大学中，大学生角色呈现出多元性。大学生既是________，同时也是________。

A. 教育服务的消费者、购买者和使用者

B. 教育服务的消费者

C. 教育服务的生产者

D. 教育服务生产的资源供应者、合作生产者及最终受益者

5. E 时代大学校园将是________与________的和谐统一。

A. 实体校园　　B. 网络校园　　C. 精神校园　　D. 物理校园

6. 专业的课程体系是系统的和有结构的。除设有________外，也还设计了一定的________供学生选择。

A. 必修的核心课程　　B. 选修课程

C. 通识课程　　D. 专业课程

7. 大学课程是无形的，具有服务性特征，主要表现为________。

A. 课程教学的差异性

B. 课程生产过程与消费过程不可分离性

C. 课程的最终成果产品的无形性

三、判断题

1. 大学的资源体系主要是指学校提供的专业、课程以及其他知识资源。(　　)

2. 通过“交费上学，自主择业”等系列改革措施的实施，大学生市场主体地位逐步确立，自主选择意识逐渐增强。(　　)

3. 从经济学的角度分析，学生上大学的主要目的在于求得自我人力资本的增值与提升。(　　)

4. 在校学习期间，学生需修完系列理论课程与实践课程，包括必修课与选修课。学习选择过程呈现出系统性和结构性等特征。(　　)

5. 自主学习是大学学习的第一特征，是大学学习与高中学习的主要区别之所在。(　　)

6. 慕课的形成与发展，使得课程资源的选择从校内拓展到校外，可供选择的范围与资源不断增加。(　　)

7. 学分制的建立和完善，奠定了大学课程选择的制度基础，为学生自主学习，自我管理提供了坚实的制度保障。(　　)

8. 大学从构成要素上看，也同样是由资源、管理、环境与服务所构成的有机整体。(　　)

9. 在大学中大学生角色呈现出多元性。大学生既是教育服务的消费者、购买者和使用者，同时也是教育服务生产的资源供应者、合作生产者及最终受益者。(　　)

10. 学习指导就是大学的学习指南。(　　)

四、讨论题

1. 现代大学有哪些特征？

2. 大学消费的“生产性”特征对我们有什么启发？

3. 你对《大学来了——E时代大学生学习指导》内容的安排有什么好的意见和建议？

第 2 章
黑板、“屏板”你爱哪款

2.1 E 时代的课程创新

视频

课 件

开放教育资源运动的发展过程，可以分为 2000 年到 2007 年、2008 年、2011 年、2012 年等几个重要时间节点，如图 2-1 所示。

图 2-1 开放教育资源运动的发展过程

2000—2007 年：早期开放教育资源运动。这一过程最具标志性的事件是 2001 年 4 月麻省理工学院开始推行“开放课件”（OCW，Open Course Ware）运动。这一运动被称为“开放教育资源运动”的先驱。之后各国相继创立了 OER（Open Educational Resources）项目，世界范围内高等教育界逐渐形成了一场开放课程运动。

2008 年：加拿大出现了 CMOOC（主要基于关联主义学习理论）。

2011 年：美国出现了 XMOOC。斯坦福大学教授塞巴斯蒂安·史朗（Sebastian Thrun）和彼得·诺维格（Peter Norvig）在网络上开设了“人工智能导论”课程，参与学生人数达 16 万，来自世界 100 多个国家；与此同时，吴恩达（Andrew Ng）和达芙妮·科勒（Daphne Koller）也在网上开设了“机器学习”与“数据库导论”课程，这些课程都备受欢迎。

2012年：被称为MOOC（慕课）元年。这一年，斯坦福大学教授塞巴斯蒂安·史朗（Sebastian Thrun）和彼得·诺维格（Peter Norvig）在其开设的“人工智能导论”的基础上，于2012年2月宣告成立了Udacity；与此同时，2012年3月斯坦福大学另外两位教授吴恩达（Andrew Ng）和达芙妮·科勒（Daphne Koller）也在其所授课程“机器学习”与“数据库导论”的基础上创立了Coursera；2012年5月，麻省理工学院在原有课程开放项目的基础上启动了MITx项目，联合哈佛大学创建了edX之后，世界各地大学和教师纷纷加入到MOOC实践中，大量MOOC平台及课程不断涌现。

我国MOOC（慕课）的建设与发展始于2013年，先是国内顶尖大学相继与edX和Coursera等平台签订战略合作协议，鼓励老师在这些平台上开设课程；2014年，高等教育出版社与网易携手推出中国大学MOOC平台；与此同时，各高校也积极开始研究和开发自己的MOOC平台，大力推进大规模在线开放课程的建设与应用。清华大学“学堂在线”于2013年10月正式对外开放；上海交通大学2014年4月成功研发了“好大学在线”。中国MOOC建设和发展呈现出国外MOOC平台的参与者、本土化MOOC的建设者和国外MOOC课程的引进者等多种形式并存的特点。

MOOC的井喷式发展得益于现代信息技术的强力支撑。MOOC远超远程教育、网络公开课等已有的在线教学模式，开创了在线教育的一个新时代。对于其基本技术特征，清华大学孙茂松教授作过这样的概括：“短视频+交互式练习”。慕课借重交互式练习的及时反馈，基于大数据的个性化服务，依托网络社区的互动交流，课程组织方式为按周上课等。

MOOC技术中，最为核心的是实时交互和大数据采集分析，这是MOOC区别于以往在线教育的根本所在。

MOOC的出现是互联网教育应用的一个分界点。它创新了课程教学形态，改变了教育服务供给方式，使“以学生为中心”的理念落到了实处。

1. 创新了课程教学形态

慕课这种教学形态所有环节均可在网上完成，涵盖了教学的全过程，包括视频、测验、讨论、作业等，学习者达到课程规定的要求，就可获得课程证书。它区别于传统的面授课程，也与开放课件、视频公开课等只重课程资源建设不同，MOOC在重视课程资源建设的同时，更重视和关注课程教学的过程和课程教学的效果。

2. 改变了教育服务供给方式

MOOC课程公共教育服务平台的出现，改变了传统教育服务学校的单一供给制，促使高等教育服务的供给由学校的单一供给向学校与社会相结合的供给转变。MOOC 出现后，传统高校校园内，学生有可能既学习本校老师上的课程，也可以跨学校、跨地区选学其他优秀老师的课程或者适合自己的课程。这意味着传统的高校围墙被“打破”。

3. 落实了学生的中心地位

MOOC 将学习的主动权与选择权交回给学生，学生根据自己的学习兴趣、学习需求选择课程与教师，根据自己的能力水平控制学习进度；学生自发组织在学习社群中的多元互动；主动选择适合的学习方法，主动思考学习内容，主动向教师或者其他学习者提问，主动在学习社群中分享自己的观点与答案。MOOC 学习中学习者不受时间和地点限制，学习者可灵活支配自己的学习进程。

2.2 E 时代的大学课程体系

视频

课　件

在 E 时代，学生跨学校、跨地区甚至跨国界选修课程成为可能，传统教育体制下课程由学校供给的单一结构被打破，高等教育服务供给结构发生了革命性变革。MOOC 平台与高等教育体系相融合，具体表现为：一是学习者在 MOOC 平台上选修课程，大学承认其学分；二是课程平台与大学合作，大学购买课程的使用权，将课程纳入本校的课程体系。

在我国，2014 年 10 月，广东省教育厅率先发布了《广东省教育厅关于普通高等教育学校实施学分制管理的意见》，称未来高校将探索对 MOOC 等互联网学习平台的学分互认，同时探索校外选课，鼓励区域内高校联合开课，推进师资与课程的共享与学分认定。2015 年 4 月，教育部在总结各高校和地方开展 MOOC 的实践经验的基础上，颁布了《教育部关于加强高等学校在线开放课程建设应用与管理的意见》，鼓励高校制订在线开放课程教学质量认定标准，将通过本校认定的在线课程纳入培养方案和教学计划，并制订在线课程的教学效果评价办法和学生修读在线课程的学分认定办法。可以预见，在不远的将来，学生通过选修其他大学或课程平台获得的学分将会逐渐增加。

1. 校内课程与校外课程

E 时代的大学课程资源按课程提供的主体或课程产权归属不同划分，可分为校内课程与校外课程（图 2-2）。

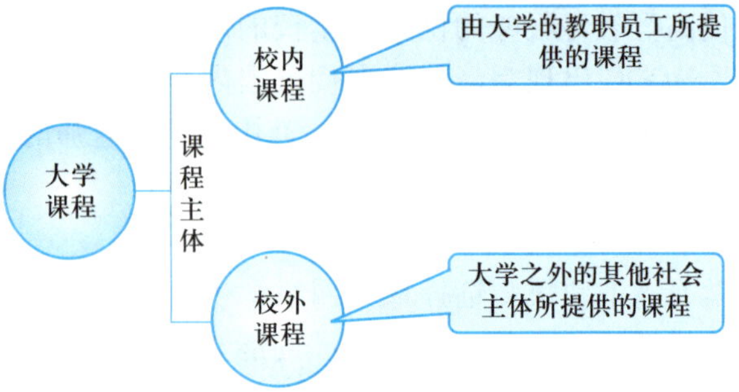

图 2-2　大学课程按课程主体划分图

校内课程是指由大学的教职员工所提供的课程，这类课程其产权归属于大学及教师。传统模式下的大学，学生从进校到毕业，不论是基础课程还是专业课程，也不论是必修课程还是选修课程，基本都是在大学校园内完成的，传统大学课程基本都是校内课程。

校外课程是指由大学之外的其他社会主体，包括其他高校、科研院所、企业事业单位甚至个人等所提供的课程。随着 MOOC 的发展及课程认证与学分互认的逐步实施，校外优质课程资源逐渐被引入高等学校内，学生对课程资源选择的范围与空间将日益扩大。

因此，E 时代的大学课程不仅包括了校内课程，也包括了校外课程。校内课程与校外课程共同构成了 E 时代大学的课程体系（图 2-3）。E 时代的大学毕业学分构成，将不再局限于一所高校。E 时代的大学面向校内外重组课程资源，是现代信息技术与教育深度融合的必然要求。

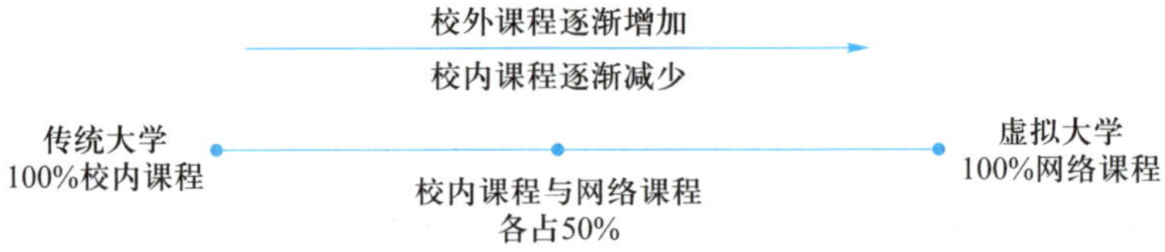

图 2-3　校内、外课程构成

2. 传统课程、网络课程与混合式课程

大学课程资源按课程呈现方式，或者说课程教学形态不同，可划分为传统课程、网络课程以及混合式课程等（表 2-1）。

传统课程教学形态即以教师为主导，在固定的时间、固定的地点针对固定的对象进行教学的一种形式。这种模式最主要的特点体现为“班级授课，批量生产”。网络课程教学形态大体又有两类：一是完全网络课程模式，学生在学校认可的 MOOC 平台上自主选修课程，自主参与学习，修完结业取得课程证书，学校承认其学分；二是网络课程+学生自助式面对面互动模式，即学生学习网络课程的同时，利用虚拟社区平台寻找相同兴趣或者选修同一课程的学生，自行组成小组，自行安排学习交流和面对面互动。混合式课程教学形态是一种线上与线下相结合的课程教学形态，如“翻转课堂”、“网络课程+本地大学深度参与教学模式”，或叫“MOOC 内核教学模式”等。

表 2-1 传统课程、网络课程与混合式课程比较表

类别	课程模式	课程主体	课程特点
传统课程	固定时间、地点，按班级授课等	校内课程	班级授课，批量生产
网络课程	完全网络课程模式	课程平台（学堂在线、好大学在线、中国大学 MOOC、edX、Coursera 等）	教学过程的主要环节在网上完成
	网络课程+自助式面对面互动模式		
混合式课程	翻转课堂	校内课程	线上与线下相结合。一般学生先通过观看视频，再集中面授讨论
	网络课程+本地大学深度参与模式	学校与平台合作购买课程，如智慧树、超星慕课等	

互联网时代高等教育课程教学形态已呈现出传统课程教学形态、网络课程教学形态与线上线下相结合的混合教学形态同时并存，且传统课程教学形态逐渐减少，网络课程教学形态尤其是基于网络的混合教学形态逐渐增加的态势。

3. E 时代大学课程及其相互关系

大学课程资源按课程提供的主体或课程产权归属划分，与按课程呈现方式或者说课程教学形态划分，两者之间既有联系，又有区别。大学校外课程资源主要依托网络平台以网络课程的方式呈现，常见的有 MOOC、SPOC（详见本书 2.3.2 节）等；大学校内课程资源既有 MOOC、SPOC 等网络课程，也会有基于网络的线上与线下相结合的混合式课程，当然更多的还是我们所熟悉的沿袭了数百年之久的按班级授课的传统类课程。大学课程资源的两种分类方法及其相互关系如图 2-4 所示。

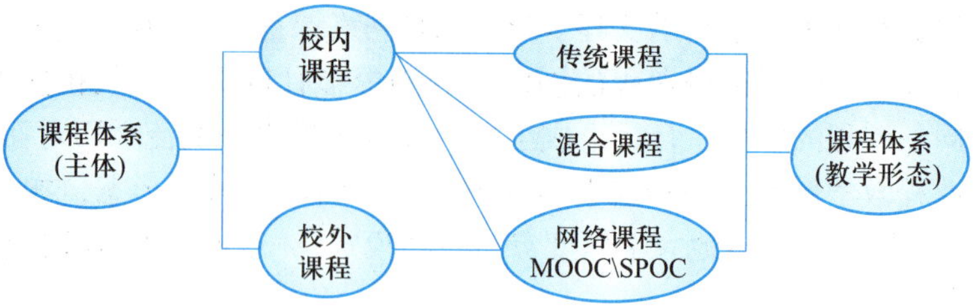

图 2-4 E时代大学课程体系图

2.3 E时代的课程教学平台

2.3.1 MOOC平台介绍

1. 国内主要MOOC平台

视频

课 件

MOOC，即Massive Open Online Courses的缩写，中文翻译为大规模开放在线课程，又称慕课，其以开放、免费、在线教学、方便使用、具有完整教学过程等特点深受学习者喜爱，选课人数众多。目前，国内主要的MOOC平台有：中国大学MOOC、学堂在线、好大学在线等。

“中国大学MOOC”是由高等教育出版社与网易携手推出的在线教育平台，全中文、资源丰富，全部课程免费。截至2018年3月，中国大学MOOC，合作高校包括北京大学、中国人民大学、浙江大学、南京大学、武汉大学等163所。课程资源主要包括工学、理学、计算机、经济管理、生命科学、哲学、法学、教育教学等12个大类，以基础科学和工程技术为主，课程超过1 400门。平台还提供大学先修课，高中生根据自己兴趣自主学习，修完课程可以认证合作大学的学分。

“学堂在线”是教育部在线教育研究中心的研究交流和成果应用平台，通过和清华大学在线教育研究中心及国内外知名大学的合作，不断增加课程，更新资源。平台内容丰富，资源涵盖面广，包含国外顶尖大学的诸多课程。学堂在线拥有包括清华大学、北京大学、复旦大学、斯坦福大学、麻省理工学院、加州大学伯克利分校等88所国内外顶尖高校的优质课程，涵盖计算机、经管、创业、理学、工程、文学、历史、艺术等多个领域。截至2018年3月，上线课程超过1 540门，课程以理工科为主。学堂在线提供三种学习模式。随堂模式：有开课时间，学习者需在一定时间段内选课学习；自主模式，不限时间，不限次数，学习者随到随学，反复闯关；

付费模式，学习者需付费认证后才能学习。

“好大学在线”由上海交通大学自主研发，是中国高水平大学慕课联盟的官方网站，向成员单位内部和社会提供高质量的慕课课程；还提供优质课程教学、第二专业系列课程教学、高端培训系列课程以及相关在线教育产品。截至 2018 年 3 月，合作院校包括上海中医药大学、上海交通大学、中国科学技术大学等 84 所，课程超过 761 门，以理工、医学为主。

以上三个平台都提供免费数字证书，对申请认证纸质证书需收取一定费用。课程合作高校认定学分，有固定学程，有较完善的课程互动（表2–2）。

表 2–2　三个国内 MOOC 平台比较

比较项	中国大学 MOOC	学堂在线	好大学在线
成立时间	2014 年	2013 年	2014 年
发起单位	高等教育出版社	清华大学	上海交通大学
合作高校	163	88	84
课程数量	1 400 多门	1 540 多门	761 门
课程类别	以基础科学和工程技术为主	以理工科课程为主	以理工、医学课程为主
课程形式	为合作高校学生提供学分	为合作高校学生提供学分	所有课程均可向联盟高校提供学分
学　费	目前不收费（有付费模式）	目前不收费（有付费模式）	目前不收费（有付费模式）
合作模式	与高校合作	与高校合作	与高校合作
学习模式	固定学程，完善的互动与考试	固定学程，完善的互动与考试	固定学程，完善的互动与考试

（数据截至 2018 年 3 月）

2. 国外三大 MOOC 平台

除国内 MOOC 平台外，国外知名 MOOC 平台有 edX、Udacity、Coursera 等。

edX 平台：由麻省理工大学和哈佛大学联合推出的非营利性网站（图 2–5）。截至 2018 年 3 月，加盟学校 113 所，上线课程超过 1 960 门。edX 除提供免费课程外，通过研究线上、线下混合教学模式，提高线下传统课程学习效果。课程主要覆盖化学、计算机科学、电子、公共医疗等，每门课程都有开始和结束时间，课程开始的两周之后就停止报名。假如学生不能在截止日期前提交作业，还可以在后一周补上，但是会被扣掉一定的分数。完成一门课程后可获得一个结业证书。

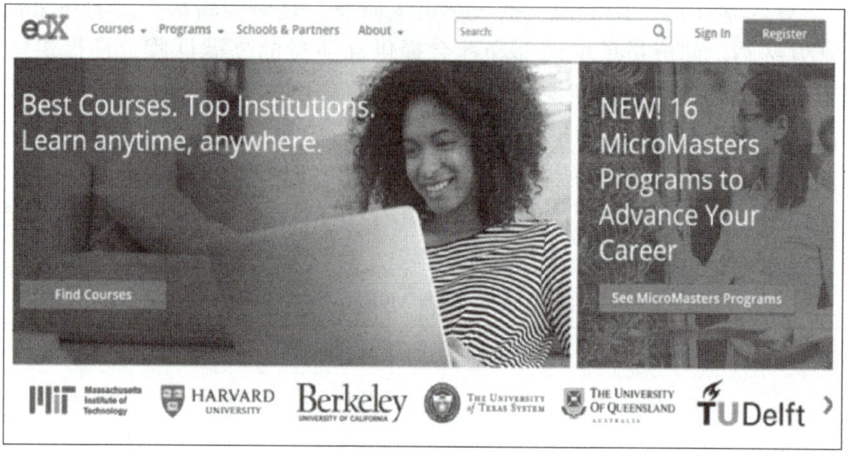

图 2-5 edX 平台首页

Coursera 平台：由斯坦福大学教授创立的营利性网站（图 2-6）。截至 2018 年 3 月，已经有 150 多所大学加入联盟，课程超过 2 110 门。Coursera 的课程涵盖计算机科学、数学、商务、人文、社会科学、医学、工程学和教育等，是全球最大、课程最全的课程平台。Coursera 平台提供在线论坛和学习小组两种模式。大部分课程都有开始时间和结束时间，学习者可以中途加入一门课程。

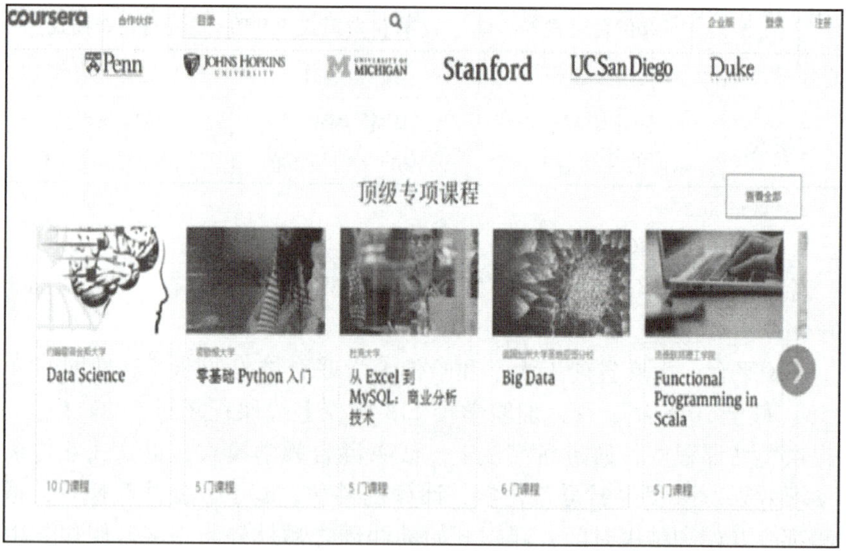

图 2-6 Coursera 平台首页

Udacity 平台：同样是由斯坦福大学教授创办的营利性网站（图 2-7）。截至 2018 年 3 月，加盟学校及机构 34 所，课程超过 170 门。Udacity 主要覆盖数据科学、Android、网站开发、软件工程、iOS 等类别，内容包括人工智能、机器学习、无人驾驶车、机器人开发、网站开发、移动开发和数据分析等，课程分为初级、中级、高级三个难度。部分课程提供中文字幕。Udacity 的每一门课程都做得非常用心，包含多个单元，每个单元又包含多个知识块，每个知识块都有对应的练习和可以打印的、非常详细的课堂笔记。提供在线论坛和学习小组互动模式，学习节奏由学生自己把握。网站根据学生的学习表现颁发不同层次的证书，如结业、良、良好、优秀等。

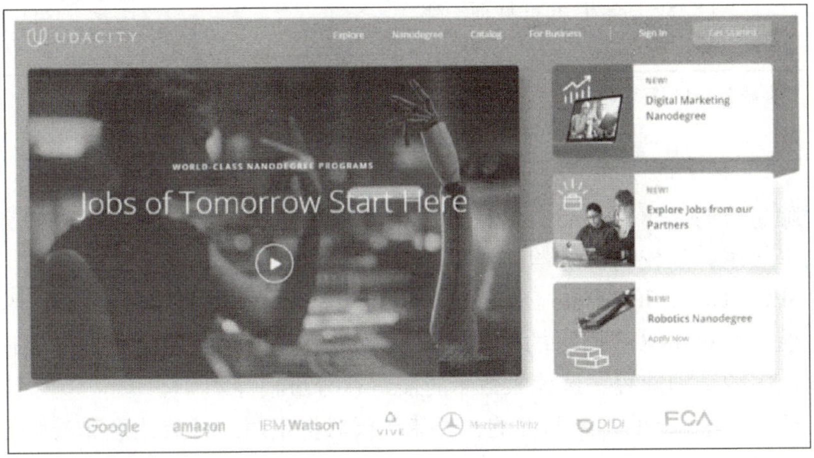

图 2-7　Udacity 平台网站首页

三个平台的对比如表 2-3 所示。

表 2-3　国外三大 MOOC 平台比较

比较项	Udacity	Coursera	edX
时间	2011 年	2012 年	2012 年
合作高校	高校和机构 34 所	150 所	113 所
课程数量	170 多门	2 110 多门	1 960 多门
课程类别	数据科学、Android、网站开发、软件工程、iOS 等	覆盖各个学科。全球最大、课程最全	侧重科学、技术和医学
是否收费	部分收费	免费但收取认证费	部分收费

续表

比较项	Udacity	Coursera	edX
合作模式	与教师、部分高校合作	与高校合作，学校开发课程	与高校合作，有偿协助学校开发课程
学习模式	免费选课，学生自己把握学习进度	免费学习，固定学程，完善的互动与考试	免费学习，固定学程，完善的互动与考试
线下互动	在线论坛和学习小组 线下学生组织见面会	在线论坛和学习小组	目前来说较少

（数据截至2018年3月）

2.3.2 SPOC平台介绍

视频

课 件

除免费的MOOC平台外，还有一些课程平台仅在高校内部或联盟高校间共享使用，学校间认定学分，即SPOC平台。

SPOC即Small Private Online Courses的缩写，小规模限制性在线课程。小规模是相对MOOC而言的，指选课数量一般较少，但现阶段也出现选课人数众多的个别课程，选课人数多时需进行分班辅导。

SPOC是私有的、限制性的，意味着仅对特定用户开放或意味着学习收费，通常由学习者付费，或由学习者所在的组织付费。它是在线教学，有完整教学进程。

SPOC课程教师会给学习者较多的引导和反馈，学习过程交互性较高。SPOC与MOOC区分不是绝对的，有些平台提供MOOC课程，也提供SPOC课程，如学堂在线提供MOOC和学堂云SPOC。

SPOC平台有三种形式：学校自建，本校使用；联盟学校共建共享；第三方平台。

1. 学校自建

学校自建，本校使用，很多高校建有自己的课程中心，如湖南大学课程中心（图2-8）。

2. 联盟共建共享

联盟学校共建，联盟内部共享使用，一些省级或地方高校建立了课程联盟，如上海高校课程中心（图2-9），截至2018年3月已有30所上海高校加盟，上线课程超过28门。

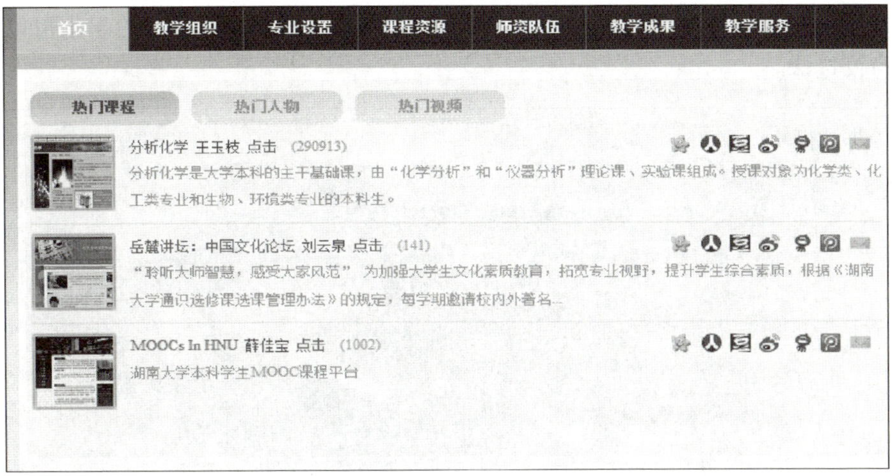

图 2-8　湖南大学课程中心网站首页

图 2-9　上海高校课程中心

3. 第三方平台

智慧树网是目前全球知名的学分课程共享平台（图 2-10），截至 2018 年 3 月，智慧树网在国内拥有超过 2 500 家高等院校会员，覆盖超过 1 000

万大学生。会员高校间可跨校共享课程和互认学分。会员高校的学生可以跨校选课。

图 2-10　智慧树网首页

智慧树网课程资源丰富，制作精美，支持“线上+线下”的混合式学习，支持跨校选课，学分互认，提供课程搜索功能，便于寻找课程（图 2-11）。

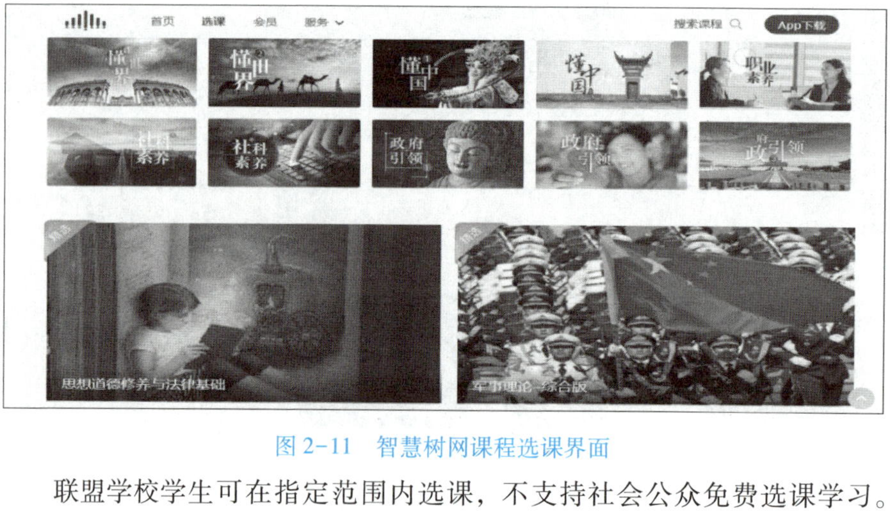

图 2-11　智慧树网课程选课界面

联盟学校学生可在指定范围内选课，不支持社会公众免费选课学习。截至 2018 年 3 月，平台课程超 300 门，平台提供的精选课程选课人数众多，如“军事理论”累计选课人数超过 130 万，“思想道德与法律基础”累计选课人数超过 26 万，“艺术与审美”累计选课人数超过 27 万，“形势与政策”累计选课人数 90 万，“大学生心理健康”累计选课人数 64 万。

课程由开课学校的教学团队负责答疑、组织在线讨论、通过见面课直播互动，增进教师与广大网络学习者的交流，教学效果良好，深受学习者喜欢。

超星慕课平台，提供哲学、经济学、法学、教育学、文学、历史学、理学、工学、农学、医学、军事学、管理学等学科众多课程（图 2-12），课程多为学校自建，本校或合作高校使用，小范围内共享，非合作学校学习者可看前三章内容，进行试学（图 2-13）。课程视频多为课程实录标清视频，视频时长多为 20~25 分钟。课程一般由建课学校负责运营。

图 2-12　超星慕课首页

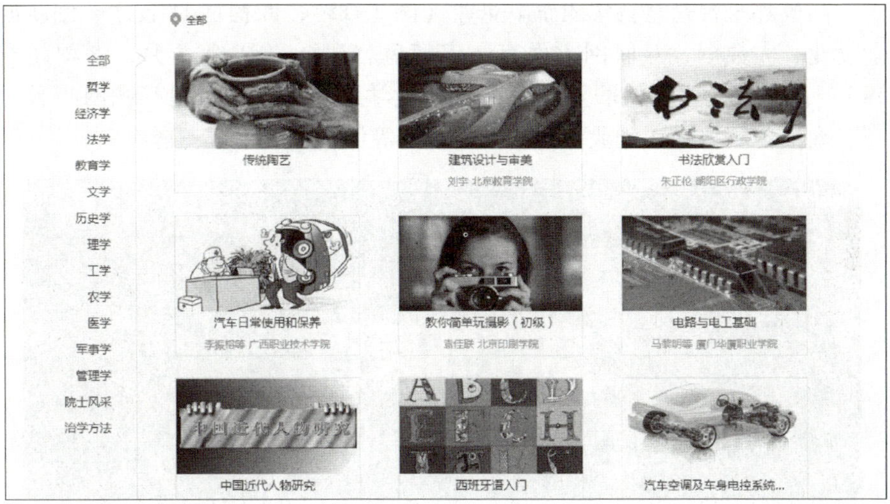

图 2-13　超星慕课课程介绍界面

另外平台提供尔雅通识课（图 2-14），分综合素养、通用能力、创新创业、成长基础、公共必修、考研辅导等 6 个类别，截至 2018 年 3 月，课程超过 390 门。课程资源丰富，通识教育课程体系完善，课程视频制作精美，特色是利用超星数字图书的资源，课程每个知识点自动推送超星图书相关学习资料，方便提供扩展阅读。

图 2-14　超星尔雅的通识课界面

高校邦平台是慧科集团旗下企业（图 2-15），课程在 IT 技术、创新创业就业、大数据、互联网方面有一定特色。截至 2018 年 3 月，课程超过 140 门。课程设置上将职业教育前置融入学习体系。平台里互联网与云生态、虚拟现实技术、创业基础、国学素养等课程深受学习者喜欢。

图 2-15　高校邦平台首页

2.4　E 时代课程学习及其注意事项

视频

课　件

2.4.1　E 时代的课程学习特点

1. 混合式课程是趋势

在 E 时代，课程有传统课程、网络课程、混合式课程三种主要形态。

传统课程，教师当面授课，便于师生互动和情感的交流，能够统一教学进度，有利于教学监控。

网络课程，具有名校名师优质教育资源、随时随地学习、不受时间空间限制、学习成本低、个性化学习、大数据学习行为分析等优点。

混合式课程采用“线上+线下”的方式，将传统课程与网络课程的优点结合起来，以达到最优的教学效果，是传统课程与网络课程融合的产物。在 E 时代，混合课程是课程发展的趋势之一。

2. 网络学习无处不在

E 时代离不开网络，E 时代的课程学习，离不开网络学习资源。

网络课程资源在 E 时代的课程学习中有以下三个作用：辅助教学、混合教学、网络教学。有学者提出，根据在线传授内容所占的比例将课程分为三类，即在线传授内容占 1%~29%范围内的为网络辅助教学的传统课程，30%~79%的为混合课程，80%以上为网络课程。

随着信息技术与教育教学的深度融合，课程教学平台、教学资源、现代教学工具的进一步应用，众多传统课程向混合式课程转变。同时许多网络课程也开设见面课、直播互动课、线下讨论课，将部分内容转向线下完成，逐步向基于 MOOC 的混合课程过渡，混合课程的比重不断增加。

2.4.2　E 时代的课程学习趋势

E 时代的课程学习有以下趋势（图 2-16）：

1. 个性化

学习者使用网络资源的能力和意愿将不断增强，在线开放课程让学习者可以依照个人的需求，重新组织课程内容，建构出个人专属学习课程或课程群。

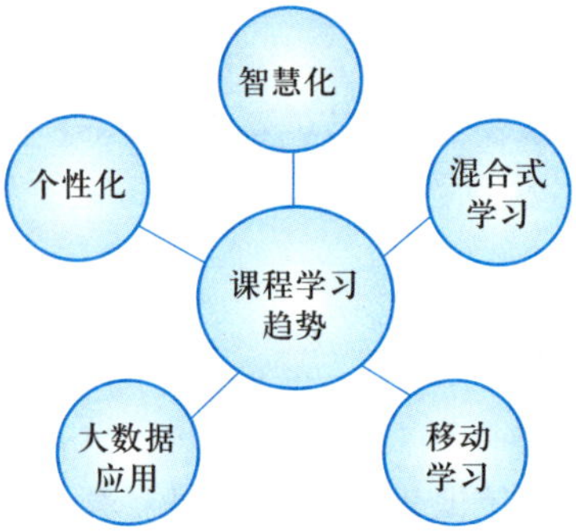

图 2-16　E 时代的课程学习趋势

2. 智慧化

人工智能、虚拟现实、增强现实技术将在课程学习中得到更广泛的应用，如人工智能助教、虚拟实验等将更广泛地用于课程学习中。

3. 混合式学习

“线上+线下”“传统+网络”的混合式学习将更加普遍。混合的形式、内涵得到进一步延伸。

4. 移动学习

随着学习资源的进一步丰富，移动设备如智能手机、平板电脑、笔记本电脑的普及，移动学习将成为常态。

5. 大数据应用

利用大数据能够取得详细且即时的学习资料，为学习者提供定制化报告和学习服务，提高学习效率。同时大数据可以帮助机构单位分析学习行为，用以改进学习产品和提高服务质量。

2.4.3　网络课程平台学习注意事项

E 时代，网络学习在课程学习中将发挥越来越重要的作用，为更好地完成网络课程学习，有以下几个事项要注意。

1. 了解学习流程

网络学习一般有以下几个步骤：

选课时，注意选择自己感兴趣的主题，浏览课程大纲，评估课程投入，查看课程评价，学习过程中多与同学、助教交流。

2. 明确学习时间和进度

MOOC 一般由开课学校教学团队负责运营，有固定学程，每门课程定期开课，在规定时间才能学习和作业，有一套类似于线下课程的作业评估体系和考核方式。整个学习过程包括多个环节：观看视频、参与讨论、提交作业，穿插于课程中的提问和最终考试。学习时要注意课程各环节进度，未按时提交作业者一般不能补交或要被扣一定分数，考试不合格者，一般不能补考，可在下一轮开课时再选课学习。

3. 课程证书及学分证定

MOOC 平台课程有老师设置的考核标准，当学习者的最终成绩达到老师的考核标准时，即可免费获取电子版证书，也可付费申请纸质版认证证书（图 2-17）。获取证书，意味着学生达到了学习要求，对这门课内容的理解和掌握达到了对应大学的要求。每一张证书皆证明学习者的能力与水平，这对学习者升学、求职、职业提升等多方面都有帮助。

图 2-17　MOOC 平台证书

SPOC 平台课程一般不提供证书，成绩合格的话，由学校认定成绩和学分。需要认证校内学分的同学，选课时一定要提供真实学校、学号、姓名等信息，以便进行成绩认定。

4. 下载移动端学习

一般各个课程平台都提供移动端学习功能，课程可在手机、平板电脑等移动端学习，移动端可在 WiFi 网络下先下载学习视频，再在适当的时间地点自由学习，节省流量。

5. 制订合理的学习计划

要想更好地运用网络资源进行学习，制定一个合理的学习计划很重要。

比如本学期学习什么课程、每周进度，今天上网想看的内容是什么，要解答的问题是什么，要先作一个非常合理的安排。

6. 加入 MOOC 学院

MOOC 学院是果壳网旗下的一个讨论 MOOC 课程的学习社区（图 2-18）。MOOC 学院和多个优质的 MOOC 课程平台建立了密切合作关系，收录了国内外主流网络课程资源。用户可以在 MOOC 学院搜索优质课程资源，给上过的 MOOC 课程点评打分，还可以加入围绕课程设立的学习小组，用中文讨论学习问题，在学习的过程中和同学讨论课程问题，记录自己的上课笔记。课程的学习还需在课程平台上完成。

图 2-18 MOOC 学院网站首页

习题

一、单项选择题

习题答案

1. MOOC 课程教学形态所有环节均可在网上完成，涵盖了教学的全过程，包括视频、测验、讨论、作业等，学习者学习达到课程规定的要求可获得________。

A. 结业证书　　B. 课程证书　　C. 毕业证书　　D. 学位证书

2. MOOC 课程公共教育服务平台的出现，改变了传统教育服务学校的单一供给制，促使高等教育服务的供给由学校的单一供给向________的供给转变。

A. 学校与社会相结合　　B. 学校与学校相结合

C. 学校与政府相结合　　D. 学校与企业相结合

3. 在 E 时代，学生跨学校、跨地区甚至跨国界选修课程成为可能，传统教育体制下课程由学校供给的________被打破，高等教育服务供给结构发生了革命性变革。

A. 多元结构　　B. 单一结构　　C. 学校与社会相结合

4. E 时代的大学课程资源按课程提供的主体或课程产权归属不同划分，可分为________。

A. 校内课程与校外课程

B. 传统课程与网络课程

C. 传统课程、网络课程以及混合式课程

5. 大学课程资源按课程呈现方式，或者说课程教学形态不同，可划分为________。

A. 传统课程、网络课程以及混合式课程

B. 校内课程与校外课程

C. 传统课程与网络课程

6. ________是一种线上与线下相结合的课程教学形态，如“翻转课堂”、“网络课程+本地大学深度参与教学模式”等。

A. 网络课程教学形态　　B. 混合式教学形态

C. 传统课程教学形态

7. 截至 2018 年 3 月，上线课程最多的 MOOC 平台是________。

A. edX　　B. Udacity　　C. Coursera

8. 大规模开放在线课程即________。

A. MOOC　　B. SPOC

9. 包括国外顶尖大学诸多课程的平台是________。

A. 中国大学 MOOC　　B. 学堂在线

C. 好大学在线

10. 提供大学先修课的平台是________。

A. 中国大学 MOOC　　B. 学堂在线

C. 好大学在线

11. 由麻省理工学院和哈佛大学联合推出的非营利性网站是________。

A. edX　　B. Udacity　　C. Coursera

12. 小规模限制性在线课程即________。

A. MOOC　　B. SPOC

二、多项选择题

1. 中国MOOC建设和发展呈现出________、________和________等多种形式并存的特点。

A. 国外MOOC平台的参与者　　B. 本土化MOOC的建设者

C. 国外MOOC课程的引进者　　D. 本土化MOOC的参与者

2. MOOC远超远程教育、网络公开课等已有的在线教学模式，开创了在线教育的一个新时代，其基本技术特征是________。

A. “短视频+交互式练习”

B. 借重交互式练习的及时反馈

C. 基于“学习大数据”的个性化服务

D. 依托网络社区的互动交流

E. 课程组织方式为按周上课

3. MOOC技术中，最为核心的是________和________。

A. 实时交互　　B. 短视频

C. 按周上课　　D. 大数据采集分析

4. MOOC区别于传统的面授课程，也与开放课件、视频公开课等只重视课程资源建设不同，MOOC在重视________的同时，更重视和关注________和________。

A. 课程教学的过程　　B. 课程资源建设

C. 课程教学的效果　　D. 课程教学形态

5. MOOC的出现，是互联网教育应用的一个分界点，它创新了______，改变了________，使以________的理念落到了实处。

A. 课程教学形态　　B. 教育服务供给方式

C. 学生为中心　　D. 教师为中心

6. E时代大学课程教学形态已呈现出_______，________与________多形式并存的局面。

A. 传统课程教学形态　　B. 网络课程教学形态

C. 共享课程教学形态　　D. 混合式课程教学形态

7. 国内主要的MOOC平台有________。

A. 中国大学 MOOC　　B. 学堂在线

C. 好大学在线

8. 目前 SPOC 平台建设方式主要有________。

A. 学校自建，本校使用　　B. 联盟学校共建

C. 第三方平台

9. E 时代，课程学习的趋势有________。

A. 个性化　　B. 智慧化　　C. 混合学习　　D. 移动学习

E. 大量数据应用

10. MOOC 的特点是________。

A. 大规模　　B. 在线　　C. 开放　　D. 收费

11. 中国大学 MOOC 平台的特点是________。

A. 资源丰富　　B. 课程免费　　C. 爱课程网与网易推出的平台

12. 学堂在线平台提供的学习模式有________。

A. 随堂模式　　B. 自主模式　　C. 付费模式

13. 国外知名 MOOC 平台有________。

A. edX　　B. Udacity　　C. Coursera

14. SPOC 平台的特点是________。

A. 私有的　　B. 限制性的　　C. 在线　　D. 免费公开

15. 国内常见的 SPOC 平台有________。

A. 智慧树网　　B. 超星慕课平台　　C. 高校邦课程平台

16. 智慧树网课程平台的特点有________。

A. 学分共享平台　　B. 联盟学校众多

C. 支持混合式教学　　D. 课程制作精美

E. 开课团队答疑

17. 超星尔雅平台的特点是________。

A. 推送超星图书相关学习资料　　B. 通识课程多

C. 课程制作精美　　D. 多由超星公司运营

18. 高校邦平台课程的主要领域为________。

A. IT 技术　　B. 创新创业就业

C. 大数据　　D. 互联网

19. E 时代课程的主要形态有________。

A. 传统课程　　B. 网络课程　　C. 混合课程

20. 网络课程学习步骤有________。

A. 注册　　B. 选课　　C. 学习

D. 作业　　　　E. 考试　　　　F. 申请证书

三、判断题

1. MOOC 技术中，最为核心的是实时交互和大数据采集分析。(　　)

2. 2012 年，称为慕课元年。(　　)

3. MOOC 学习中学习者不受时间和地点限制，可灵活支配自己的学习进程。(　　)

4. MOOC 出现后，传统高校校园内，学生有可能既学习本校老师上的课程，也可以跨学校、跨地区选学其他优秀老师的课程或者适合自己的课程。(　　)

5. MOOC 的发展及课程认证与学分互认的逐步实施，校外优质课程资源逐渐被引入高等学校内，学生对课程资源选择的范围与空间将日益扩大。(　　)

6. 大学校内课程资源既有 MOOC、SPOC 等网络课程，也有基于网络的线上与线下相结合的混合式课程，当然更多的还是我们所熟悉的按班级授课的传统类课程。(　　)

7. MOOC 学院是果壳网旗下的一个讨论 MOOC 课程的学习社区。(　　)

8. 2001 年 4 月麻省理工学院开始推行“开放课件”(OCW，Open Course Ware) 运动。(　　)

9. E 时代的大学课程不仅包括了校内课程，也包括了校外课程。校内课程与校外课程共同构成了 E 时代大学的课程体系。(　　)

10. E 时代高等教育课程教学形态已呈现出“传统课程教学形态”“网络课程教学形态”与“线上线下相结合的混合教学形态”同时并存，且“网络课程教学形态”尤其是“基于网络的混合教学形态”逐渐增加的态势。(　　)

11. 学堂在线是教育部在线教育研究中心的研究交流和成果应用平台。(　　)

12. 好大学在线是由上海交通大学自主研发的。(　　)

13. 中国大学 MOOC 平台课程偏向基础科学和工程技术。(　　)

14. 学堂在线平台课程偏向理工科。(　　)

15. 好大学在线平台课程偏向理工、医学。(　　)

16. edX 课程主要覆盖化学、计算机科学、电子、公共医疗等。(　　)

17. 超星慕课平台课程多由学校自建，本校或合作高校使用，小范围内

共享。(　　)

18. 超星尔雅通识课程多由超星公司负责运营。(　　)

19. 一般课程平台都提供移动端学习功能，移动端可下载学习视频。(　　)

四、论述题

1. 列举两个以上 MOOC 平台，并比较它们的课程特点（课程数量、课程内容、选课方式、学习要求、服务特点等方面）。
2. 列举两个 SPOC 平台，并比较其课程特点。
3. 你认为 MOOC 平台、SPOC 平台各有什么特点？
4. 怎样理解 MOOC 改变了高等教育服务供给方式？
5. 简述 E 时代的大学课程体系及其内在联系。

第3章 学习资源“E网打尽”

视频

3.1 四海八荒的学习资源

课 件

大学的学习资源，如同超市的商品一般，琳琅满目。随着网络技术的发展与普及，网络中的学习资源形式多样、丰富多彩，可以说是“四海八荒皆资源”。在大学里，每个同学都可以根据自己所学的学科、专业和兴趣爱好，在网络中找到相关的学习资源进行学习，逐步构建和完善自己的知识体系。

那么，网络中的学习资源有哪些呢？网络上的学习资源大致可以分网络课程、网络课件、考试网站、交流平台、电子书籍、电子期刊六大类型。

1. 网络课程

简单地说，网络课程是在网络上通过浏览器来学习的课程，具有交互性、共享性、开放性、协作性和自主性等基本特征。除了 MOOC、SPOC 等网络课程平台外，常见的网络课程如国家精品课网（图 3-1），该网站是全民终身学习课程平台，拥有国内各高校、各专业 2 000 余门国家级精品课

图 3-1　国家精品课网站

程，4 000 余门省级精品课程，在网站中也包括近百门网络精品课程，课程的各类学习资料可供学习和参考。

2. 网络课件

网络课件是课件的一种，它应用于网络环境，并且往往是结合网络课程来开展教学，从某种意义上来说，网络课件是网络课程的核心组成部分。能够提供网络课件下载的网站有：中国高校课件下载中心（图 3-2）、千源网（图 3-3）。中国高校课件下载中心网站上有 13 000 多个大学课件供大家下载。千源网看上去非常普通，界面朴实，但网站包含十分丰富的学习资源，非常实用。

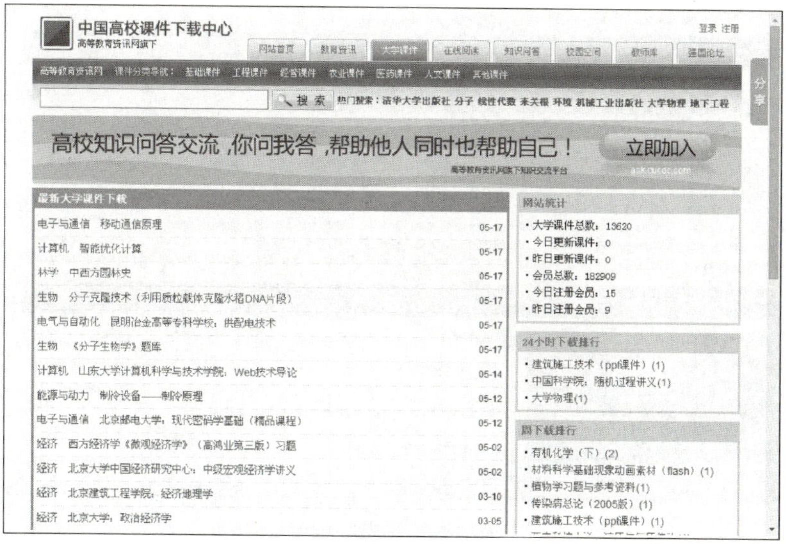

图 3-2　中国高校课件下载中心

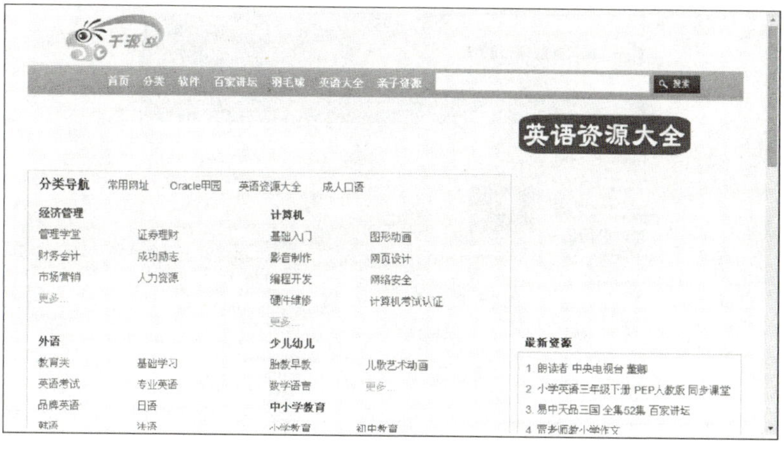

图 3-3　千源网

3. **考试网站**

在互联网中，专业培训、考研、英语考试、计算机考试等各类专题网站层出不穷，你可以很容易地获取考试报名、考试时间、模拟试题等信息资源。

在这里，给大家推荐两个考试网站，一个是考试吧网站（图3-4），一个是湖南省教育考试院网站（图3-5），这些网站上都提供诸如英语等级考试、计算机等级考试、研究生考试、公务员考试的相关信息。

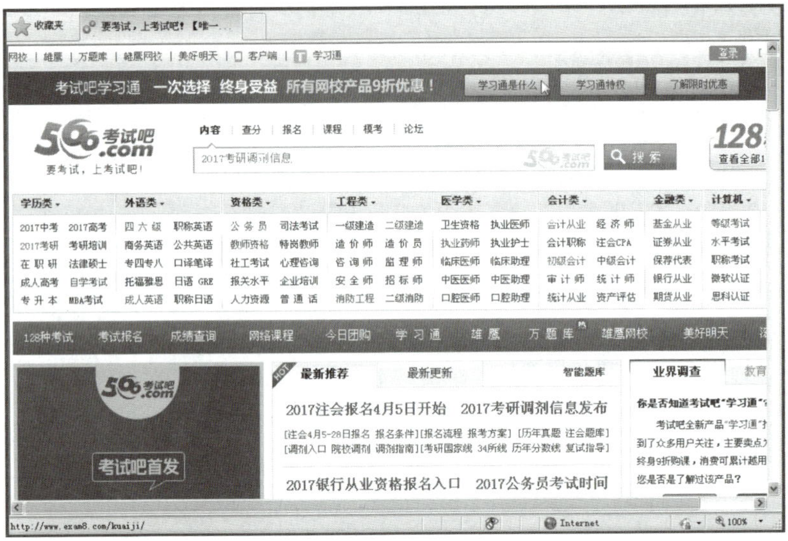

图3-4　考试吧网站

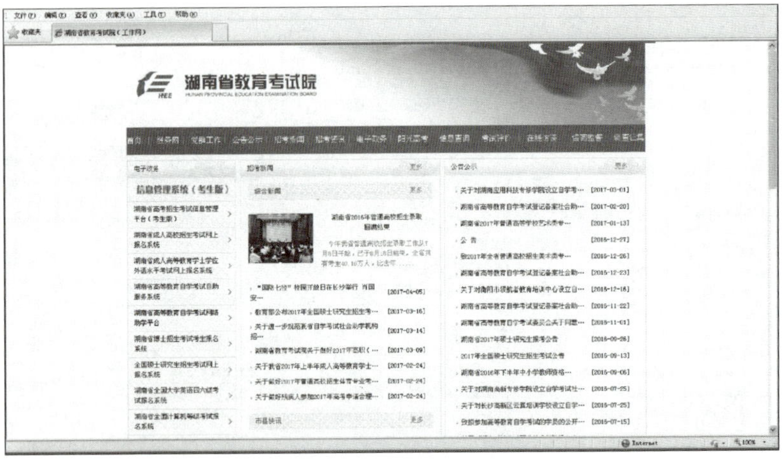

图3-5　湖南省教育考试院网站

4. **交流平台**

我们经常说物以类聚，互联网也是一样，有各种各样专门知识的交流平台，一般有三种形式，第一是互动交流平台，如百度知道、爱问知识人、雅虎知识堂、天涯问答等网站。第二是百科网站，如百度百科、维基百科、互动百科、中国百科等网站。第三是与学科、专业相关的论坛/社区，如IT社区、Blog（博客）、Moodle（魔灯）、以及现在非常流行的微信公众号等。大家可以在这些交流平台上得到相关的专业信息，也可将自己的信息在平台上进行分享。

5. **电子书籍**

大学期间，同学们需要各类参考书籍。为此，图书馆提供电子图书，大家可以通过手机、平板等设备，登录移动图书馆，阅读和下载相关的电子书籍。

在手机上，大家可以很轻松地获取电子图书、报纸、学术资源、公开课等各种资源。也可以通过手机，实现图书资源查询、预约、续借等操作；还可以进入国家图书馆（图3-6）等图书馆网站，在线查询、阅读或下载相关电子书籍。

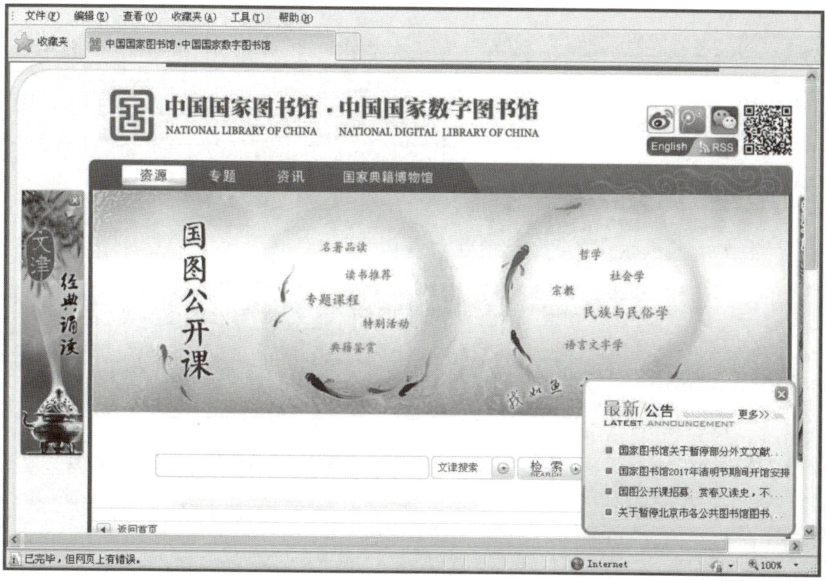

图3-6　中国国家图书馆网站

6. **电子期刊**

各种类型的学术期刊，是同学们学习的重要参考资料，特别是在了解自己学科专业的发展现状、发展前景，在撰写学年论文、毕业论文的时候，有重要的参考作用。大家可以在中国知网（图3-7）、万方数据库（图3-8）、中国期刊网（图3-9）等网络平台，查询、阅读、下载相关的电子文献。

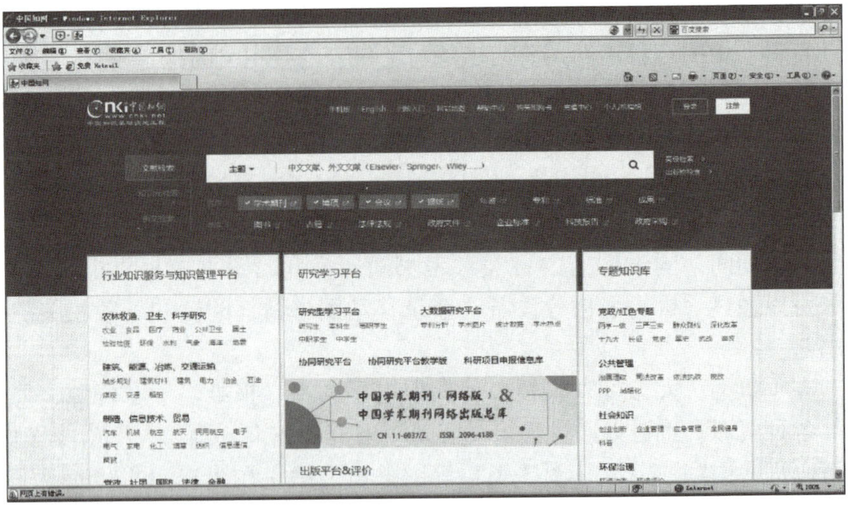

图3-7　中国知网

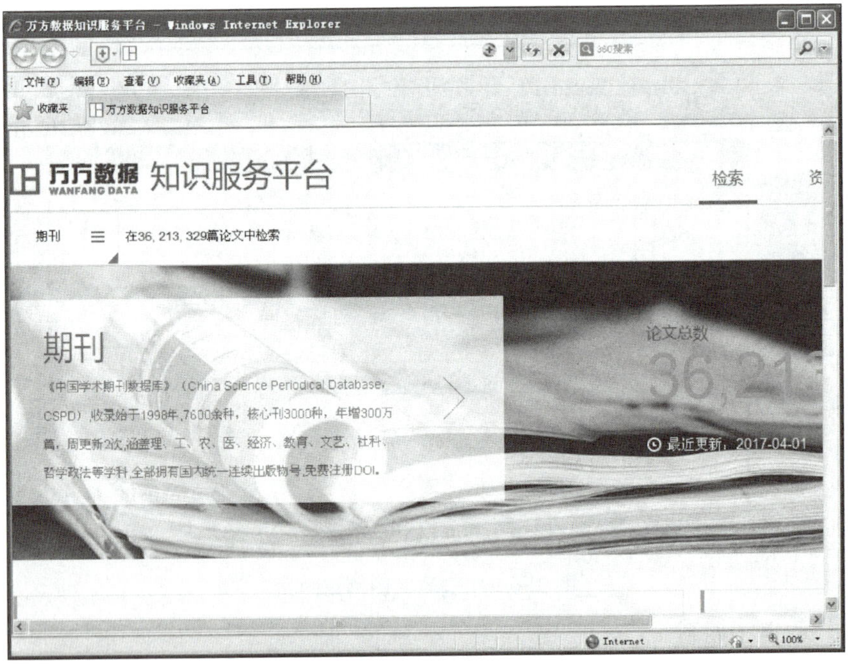

图3-8　万方数据知识服务平台

图 3-9　中国期刊网

以上是现在常见的网络学习资源和工具。随着计算机技术、网络技术的不断发展，将会有更多类型的网络学习资源出现。同学们可以根据自己的需求来寻找相关学习资源。但请大家记住，在网上只能得到学习资源，学习的动力还是来源于自己。

3.2　厉害了我的搜索神器

课 件

视频

3.2.1　常见的搜索引擎

在网络上蕴藏着各种各样的资源。但是，要从海量的信息中准确、及时、方便、快捷地找到自己所需要的信息，不是一件容易的事情。经常出现的情况是：“搜索框里千百度，蓦然回首，一个有用的信息都木有！”

国外常见的搜索引擎有谷歌、雅虎等。谷歌被公认为全球最大的搜索引擎，业务包括互联网搜索、云计算、广告技术等。雅虎也是美国著名的互联网门户网站，20世纪末互联网奇迹的创造者之一，其服务包括搜索引擎、电子邮件、新闻等。在国内搜索市场上，常见的搜索引擎有百度、搜狗、爱问、中搜、360搜索、必应等，每种搜索引擎的功能大致相同，它们之间的对比如表3-1所示。

表3-1　常见中文搜索引擎的对比

搜索引擎名称	母公司	主要产品	特点
百度	百度	网页、新闻、图片、地图、百科、音乐、视频等	产品线完整，可信任度高
搜狗	搜狐	百科、问问、图片、视频、地图、音乐等	新增微信、知乎搜索，实用方便
爱问	新浪	爱问知识人	基于自然语言搜索技术的用户互动型问答平台
中搜	中搜	中搜搜悦、中搜企悦、中搜云悦、搜悦云商城等	移动互联网个性化信息服务
360搜索	奇虎360	新闻、网页、微博、视频、MP3、图片、地图、问答等	基于机器学习技术的第三代搜索引擎，具有自学习、自进化能力
必应	微软	网页、图片、视频、学术、词典等	与微软产品深度融合，每日首页美图

视频

3.2.2　常用的搜索方法与技巧

常用的搜索方法和技巧，归纳起来，包括三个方面，将其命名为“三二一法则”，即三条原则、两个神器、一个方法。

1. 三条原则

第一条原则：提炼关键词；第二条原则：想好找什么；第三条原则：找到好网站。

（1）提炼关键词

不少同学在使用搜索引擎时，习惯了口语化搜索，例如“电脑总是发送错误报告怎么办?”，这时搜索引擎会对语句进行智能分词，如“电脑/总是/发送/错误报告/怎么办”分为五个关键词进行搜索，这样一来，这些口语化语句中多余词语不仅增加了信息的复杂性，同时也增加了错误率。正确的方法是：用关键词，而不是整个句子。这样可以使你的问题更加具体和精准。如“电脑总是发送错误报告怎么办”提炼关键词为“电脑　错误报告”，我们来看看搜索结果的比较。图 3-10 是口语化语句搜索结果，图 3-11 是提炼的关键词搜索结果，可以看到，关键词搜索不仅使得结果数量更多，内容也更加精确。

同时，提炼关键词时还可以帮助我们正确断句，避免歧义。例如搜索“武汉市长江大桥”，这时往往会产生歧义：是搜索武汉市的长江大桥，还是搜索一位名叫江大桥的武汉市长？

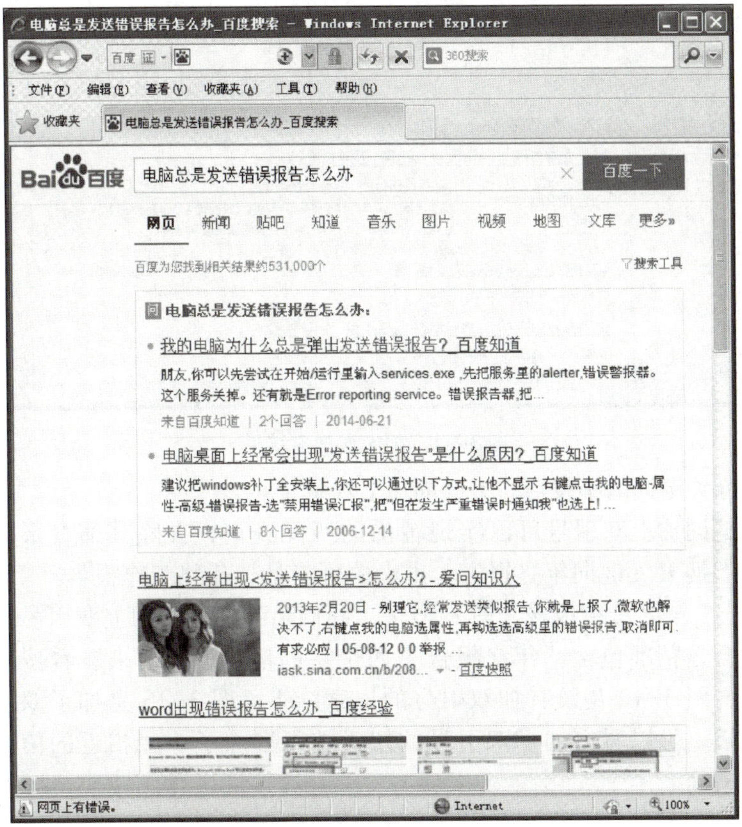

图 3-10　口语化搜索结果

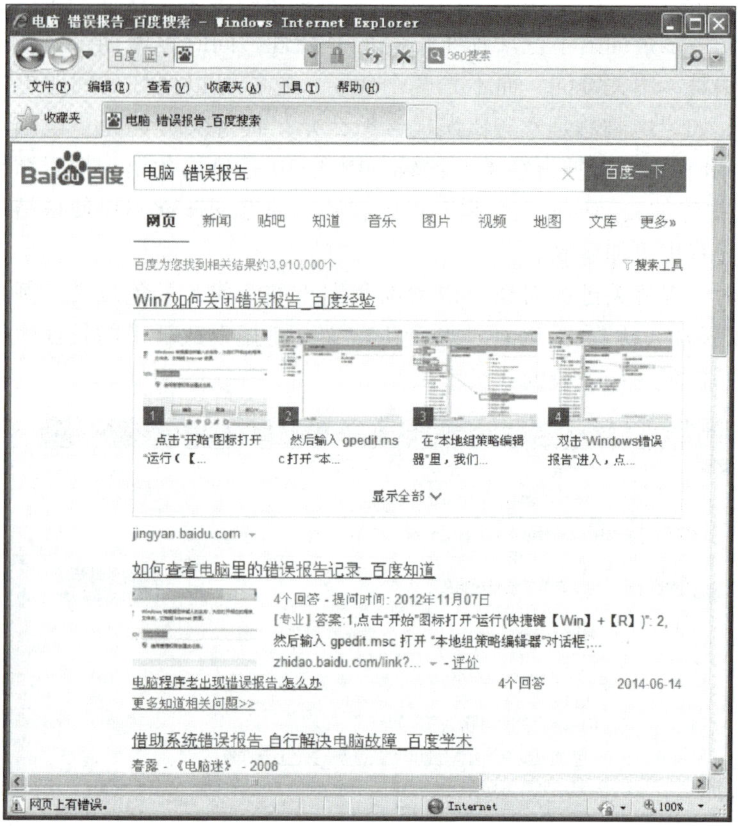

图 3-11 关键词搜索结果

提炼关键词的小技巧：关键词加上双引号

关键词加上双引号可以实现精确的匹配查询，去除其演变形式。例如，我们搜索关键词年终报告，出来的可能是“年终工作报告”“年终个人报告”“年终总结报告”等；但是，我们给年终报告加上双引号，搜索到的就会是精准包含“年终报告”四个字的信息，我们来看看搜索的结果比较，图 3-12 是没有加双引号的搜索结果，图 3-13 是加了双引号的搜索结果，可以看出加了双引号的搜索结果剔除了一些相近的信息，结果更为精确。

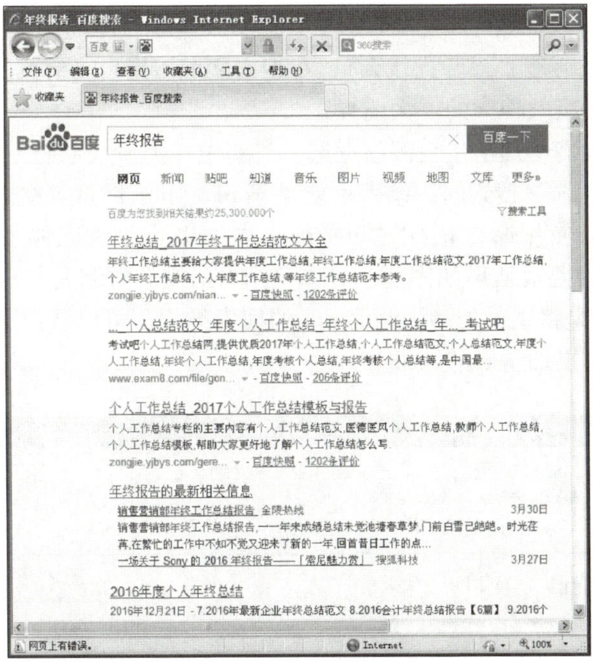

图 3-12　年终报告搜索结果

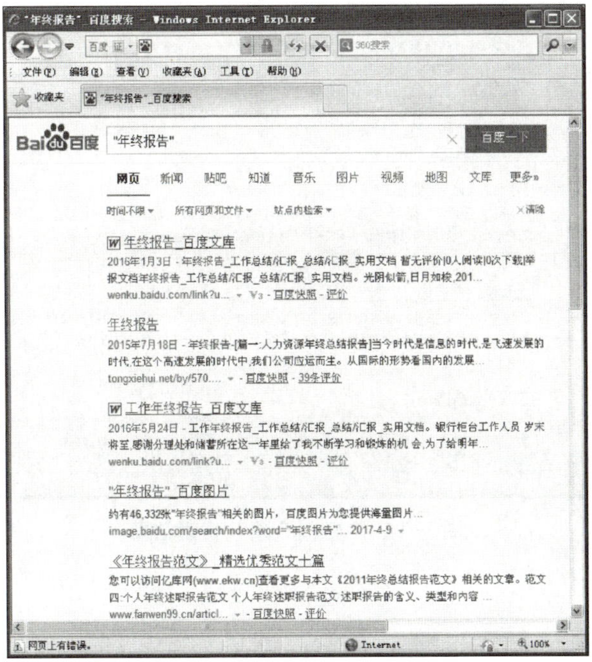

图 3-13　“年终报告”搜索结果

（2）想好找什么

第二条原则是“想好找什么”，在搜索之前确定自己要找的内容，同样也是帮助我们高效搜索的一大前提。

例如，我们参加学生会部门竞选，需要做一个 ppt 演讲，当我们输入关键词“部门竞选”搜索时，结果可能是 word、ppt、网页等格式的信息。这时，我们可以使用命令语句“filetype：文件格式”来限制文件类型，如 filetype：ppt，搜索结果如图所示，图 3-14 是没有限制文件类型的搜索结果，图 3-15 是将文件类型限制为 ppt 的搜索结果。可以看出，限制文件类型，可以得到更加精确的结果。

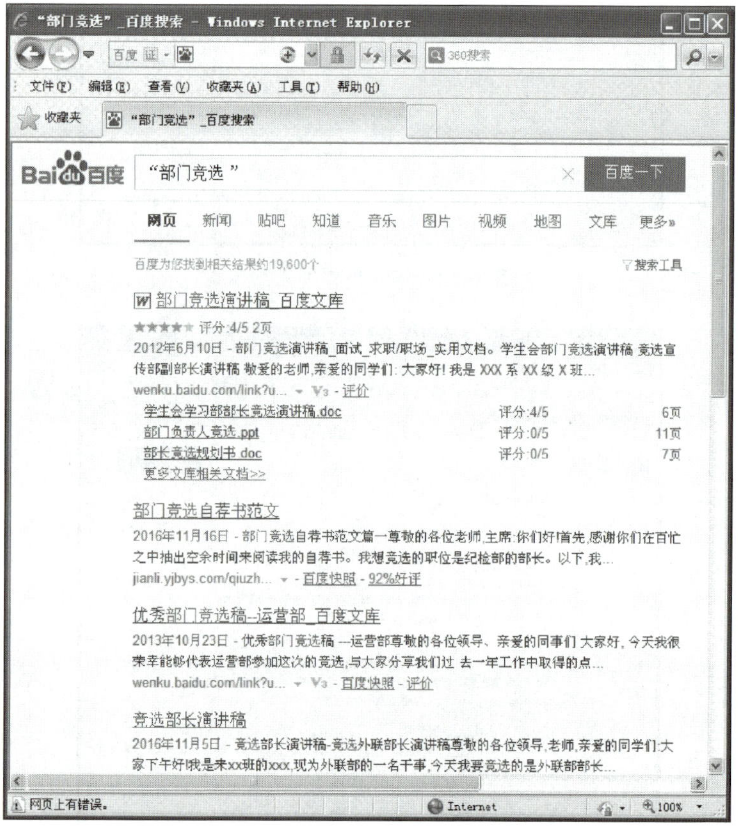

图 3-14 “部门竞选”搜索结果

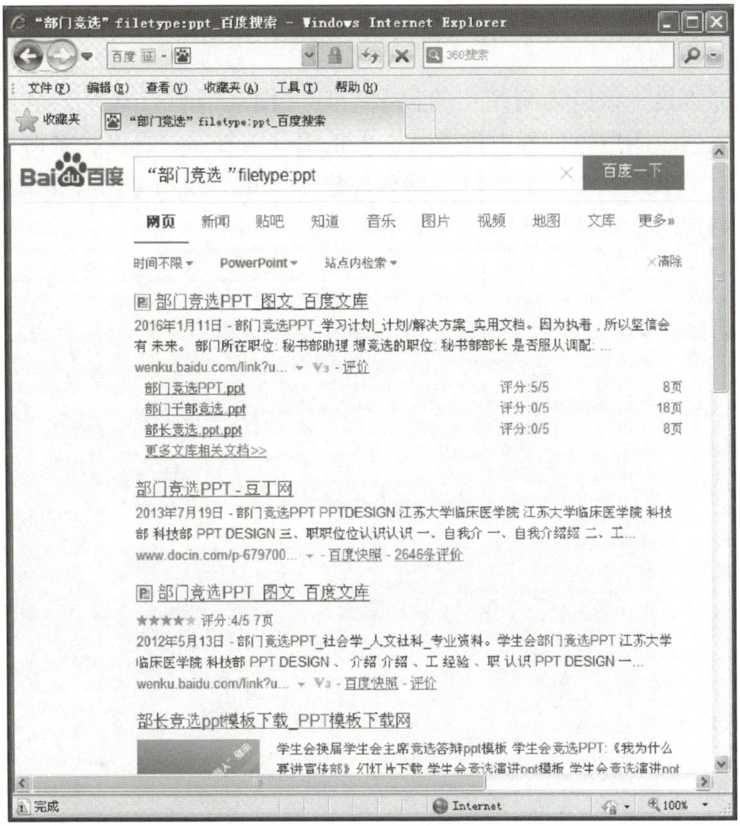

图 3-15　“部门竞选” filetype：ppt 搜索结果

除了锁定文件类型，也能以网站作为限定条件来搜索，语句为“site：某某 . com”。例如，要搜索腾讯网站上的内容，则输入“site：qq. com”。

(3) 找到好网站

第三条原则是“找到好网站”，尽管现在的搜索引擎使用非常方便，可仅仅使用百度和搜狗的话，效率仍然是低下的，我们需要找到一些专业网站。

什么是专业网站呢？那些与你所查找的信息有高度相关性，并且包含了大量有价值内容的网站就是专业网站。

例如，如果你是学设计专业，那么花瓣网和站酷网肯定会经常去，因为这两个网站是设计的专业网站；如果你需要查找论文，则中国知网的质量要高得多。

每个行业、每个领域，都有一些专业的网站，在这些网站里，我们能够找到很多高质量的信息。

2. 两个神器

(1) 虫部落

虫部落是一款极为精细化的搜索工具（图3-16），其分类包含快搜、学术、数据、图搜等，其中快搜一栏更是细分为谷歌、百度、微博、微信、素材、电子书等数十个子栏目，只有你想不到的，没有它分不到的，挑选一个最贴合的栏目进行搜索，效率更高。

图3-16　虫部落-快搜

(2) 三百搜

与虫部落的精细化搜索相反，三百搜则是一款大而广的搜索神器（图3-17），可以并列搜索多个搜索引擎，支持两搜、三搜或全搜。两搜是两个搜索引擎并列，三搜是三个搜索引擎并列，全搜时，它会在市场上几乎所有的搜索引擎中搜索结果。

图3-18是三百搜两搜的搜索结果，页面左边显示的是百度搜索结果，右边显示的是谷歌搜索结果。

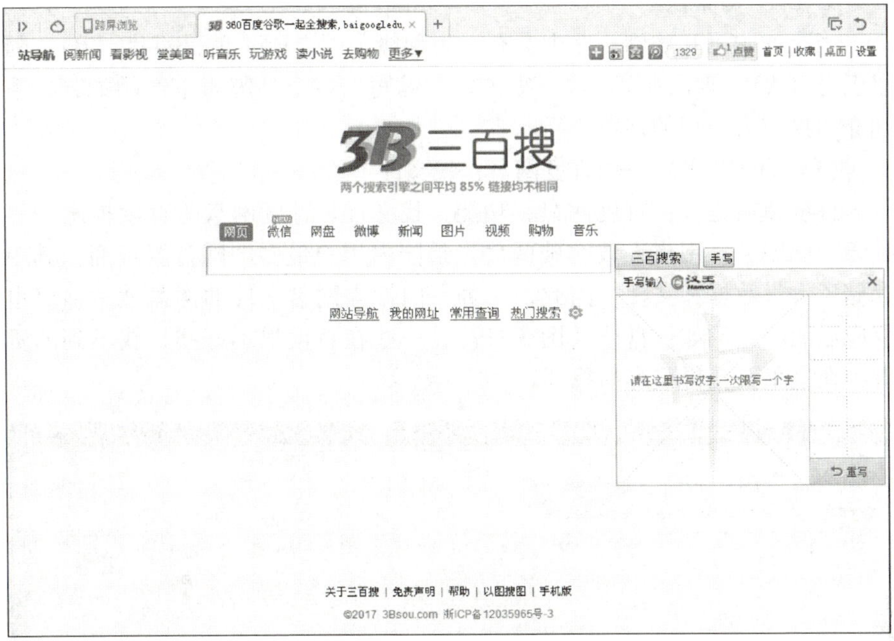

图 3-17　三百搜首页

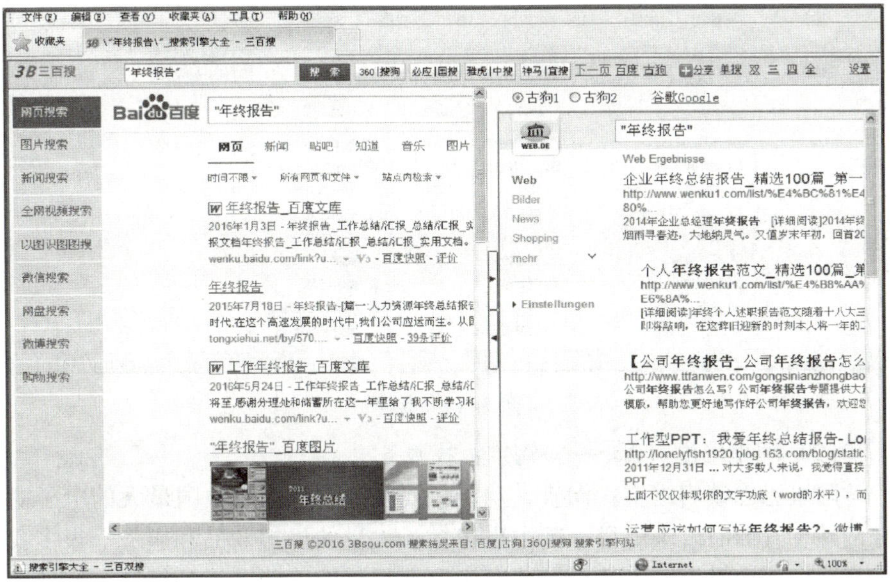

图 3-18　三百搜两搜搜索结果图

3. BAT搜索法

当今的中国互联网企业中，有三大顶级公司，BAT就是百度（B）、阿里巴巴（A）、腾讯（T）这三家公司的缩写，各个品牌旗下产品如云，下面介绍这三大公司的特色产品。

（1）百度（B）——百度网盘：找文件

百度镇店之宝：百度网盘，功能：找文件。百度网盘是百度推出的一项云存储服务，用户人数突破两亿，是国内用户最多的网盘服务商，其中存储了大量数据和文件，因此，一种专门搜索网盘文件的网盘搜索引擎也就应运而生，例如：盘搜（图3-19），一些在百度里不好找、找不到的资源，在这里会变得很容易找到。

图3-19 盘搜

（2）阿里巴巴（A）——淘宝：找服务

阿里巴巴镇店之宝：淘宝，功能：找服务。淘宝是中国最大的电子商务网站，其商品琳琅满目，其中也包括了大量的虚拟商品和服务。很多我们找遍全网也没有解决的问题，在淘宝上只需低价即可得到解决，比如某些软件的短期会员，某些网站的素材下载等。如果你有些问题实在解决不了，不妨试试万能的淘宝吧。

（3）腾讯（T）——搜狗搜索：找经验

腾讯镇店之宝：搜狗搜索，功能：找经验。腾讯投资的搜狗搜索，则是另一款重量级的搜索神器。这款神器的厉害之处在于它接入了两个知识入口——微信和知乎。随着公众号的兴起和大热，微信公众平台积累了大量的好文章，我们可以利用搜狗搜索的微信搜索功能来查询这些资源。

知乎则入驻了大量知识大牛和行业精英，他们在知乎写下了许多珍贵的经验与心得，使知乎一跃成为中国最有价值的知识库。利用搜狗的微信、知乎搜索，可以将别人的经验转换成自己的知识。

我们学会了搜索引擎的使用方法和技巧，也不能万事大吉。很多时候，我们需要对搜索到的信息进行仔细甄别和鉴定，套用古人的一句话：尽信书不如无书，尽信网不如无网。

3.3 中国知网的使用方法

课　件

3.3.1 中国知网概述

中国知网，是一个提供全社会知识资源，实现知识传播与数字化学习的平台（图 3-20），由清华大学、清华同方发起，始建于 1999 年 6 月。中

视频

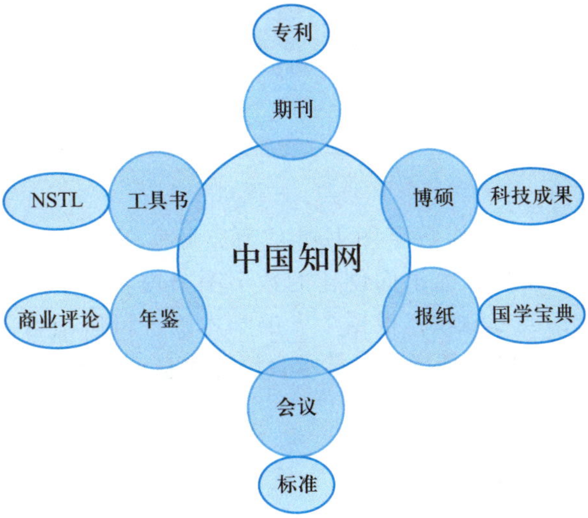

图 3-20　中国知网网络出版平台

国知网是一个集期刊杂志、博士论文、硕士论文、会议论文、报纸、工具书、年鉴、专利、标准等为一体的网络出版平台。中心网站的日更新文献量达5万篇以上。任何人、任何机构都可以在中国知网建立自己的个人数字图书馆，定制自己需要的内容。

中国知网给我们提供的信息包括文献初级检索、行业知识服务与知识管理平台、研究学习平台、专题知识库、知网动态等。

中国知网知识资源总库包括：源数据库、行业知识库、特色资源、国外资源等等。中国知网国际文献总库包含了14 000多家国外出版社的文献。中国知网行业知识服务平台是一个面向行业的网络知识共享平台（图3-21）。

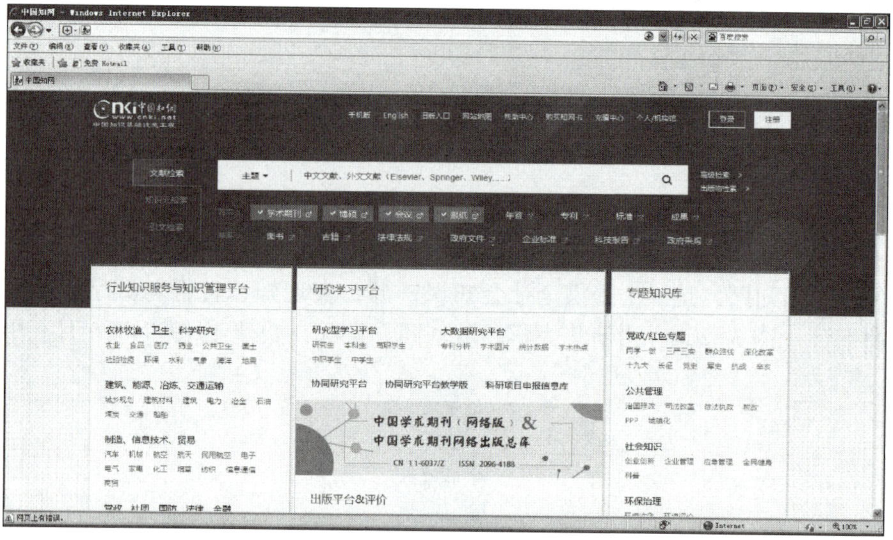

图3-21　中国知网

中国知网个人/机构数字图书馆是为充分实现个人用户对文献、信息、知识的个性化服务需求而创建的数字图书馆。数字图书馆可根据个人的研究特长、学习领域，根据个人的学术圈、科研项目，预先选配和推送学术资料，提供最新国内外学术会议等信息。图3-22是在中国知网上创建的个人数字图书馆。

图 3-22　个人数字图书馆

3.3.2　初级检索

视频

中国知网提供初级检索、高级检索和专业检索三种检索方式（图 3-23），各种检索方式的检索功能有所差异，基本上遵循由高向低兼容的原则，即高级检索中包含初级检索的全部功能，专业检索包含高级检索的全部功能。

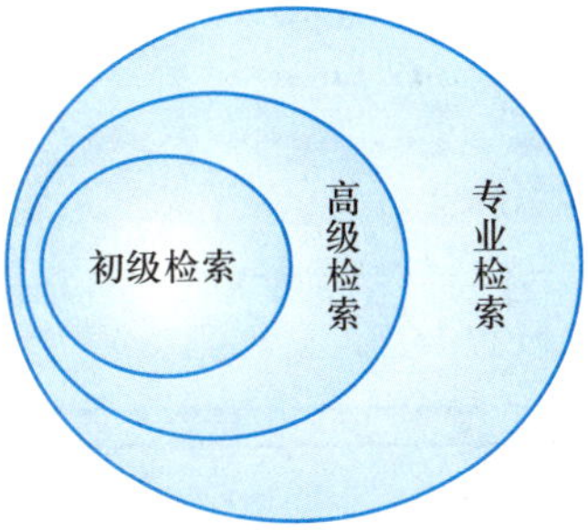

图 3-23　中国知网三种检索方式

中国知网的初级检索功能，粗略看上去和其他搜索引擎区别不大，只是在检索条件输入框的左边多一个是文献检索项下拉菜单，包括主题、全文、篇名、作者、关键词等 10 个检索项，不指定检索项时，系统默认为“主题”。检索条件输入框下方提供跨库或单库文献的选择项。检索条件输入框右侧提供高级检索的链接。

初级检索是一种简单检索，只需在检索条件输入框中输入关键词，单击“检索”按钮，则系统默认按照“主题”检索项进行文献检索，任意一项中与检索条件匹配的文献都被检索出来。当检索条件对检索文献类型要求较为明确时，可选择单库检索方法，这样可以提高检索效率，减少数据冗余。

例如，假设我们是计算机专业的同学，想了解一下“云计算”的基本信息和最新研究成果，该怎么做呢？

比较好的做法：第一，利用百度、搜狗等搜索引擎查询云计算的基本信息，特别是百度百科、搜狗百科等提供的信息很详细。第二，查询中国知网等专业网站，了解云计算的最新研究成果。

我们在中国知网检索条件输入框中输入检索关键词“云计算”，我们来看看中国知网检索出来的结果（图 3-24）。

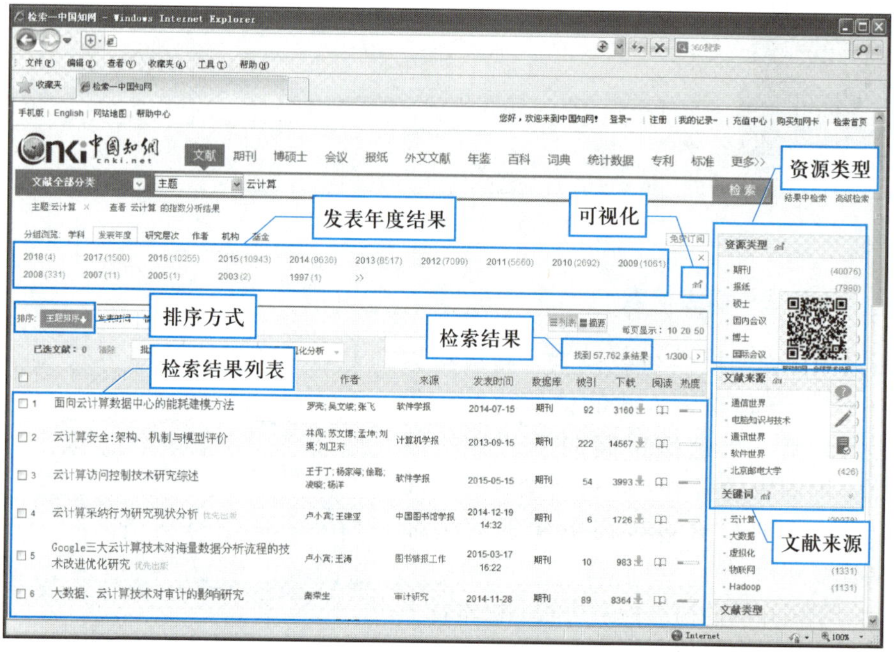

图 3-24　中国知网初级检索“云计算”结果图

系统检索出来的结果，是包含主题为“云计算”的文献，共计 57 000 余篇；检索结果列表，提供被检索出文献的题名、作者、来源、发表时间、数据库、被引和下载统计等信息；可以按照主题、发表时间、被引和下载四种方式对检索结果进行排序；检索结果页右侧还提供结果的资源类型、文献来源等信息；检索结果可以按照学科、发表年度、研究层次等进行分组浏览，系统默认为按照发表年度分组浏览，在分组浏览区的右下角还提供可视化按钮，使用曲线图或者柱状图对分组浏览结果进行图形化展示。

单击可视化按钮，我们可以看到检索结果按照发表年度分布的曲线图。总体上可以看出，以“云计算”为主题发表的文献从 2007 年开始呈现逐年井喷的现象（图 3-25），这与我们在百度、搜狗中查询“云计算”的基本信息是一致的，因为“云计算”这个概念是在 2006 年 8 月才被提出的。

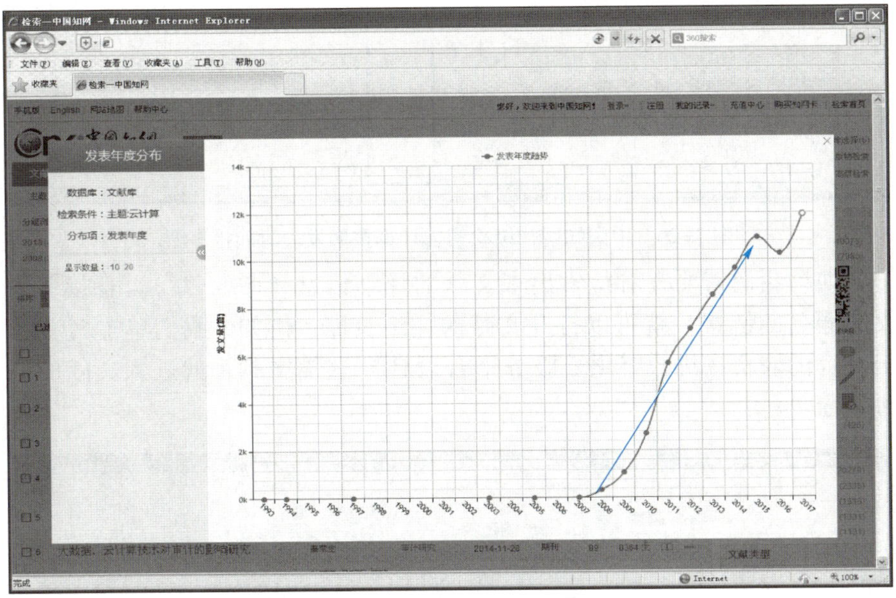

图 3-25　中国知网初级检索云计算文献发表年度分布图

怎样查询“云计算”最新的研究成果呢？方法是，我们将中国知网查询的结果按照发表时间进行排序，系统将按照发表时间的降序对查询的结果进行排序（图 3-26），最新发表的文献被显示在最前面。我们来看看检索出来的文献情况，排名最前的文献都是 2017 年 12 月 1 日发表在《农机化研究》杂志上，主要是研究云计算在农机产品数字化方面的运用。可见，这些就是云计算当时最新的研究方向和成果。

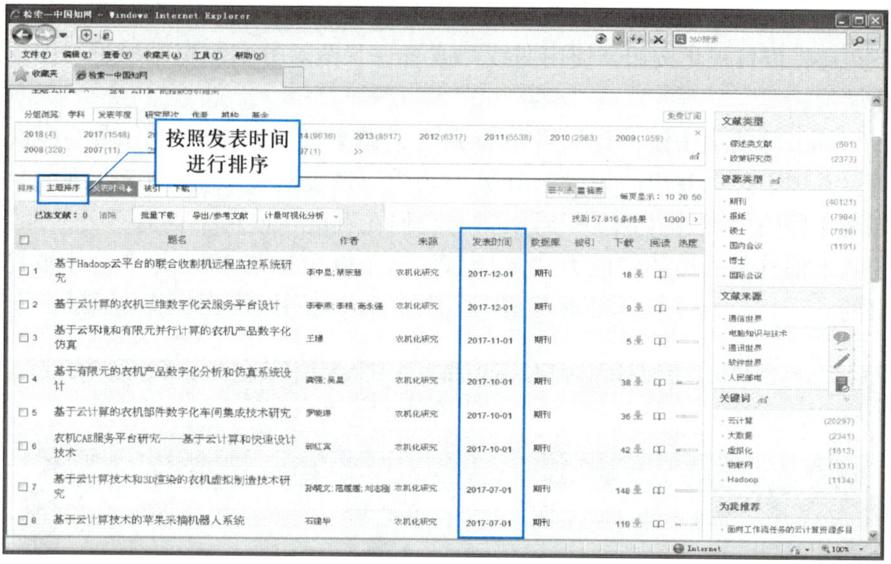

图 3-26　中国知网初级检索云计算按照发表时间排序图

如果我们需要查看检索出来文献的详细信息（图 3-27），直接单击文献题名的链接，就可以打开文献的详细页面。例如，我们单击《基于云计算的农机三维数字化云服务平台设计》这篇文献，就进入文献的详细页面。

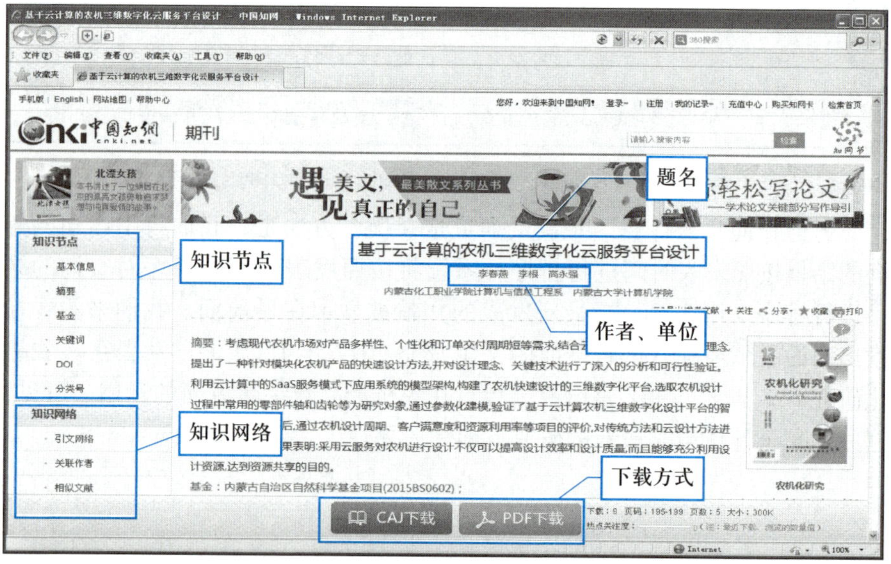

图 3-27　中国知网文献详细信息

在文献详细页面中，我们可以了解文献的题名、作者、单位、文献的知识节点、文献的知识网络等信息。系统还提供 CAJ 和 PDF 两种格式进行文献下载，当然只有中国知网的用户才拥有下载的权限。下载后的 PDF 文件如图 3-28 所示。

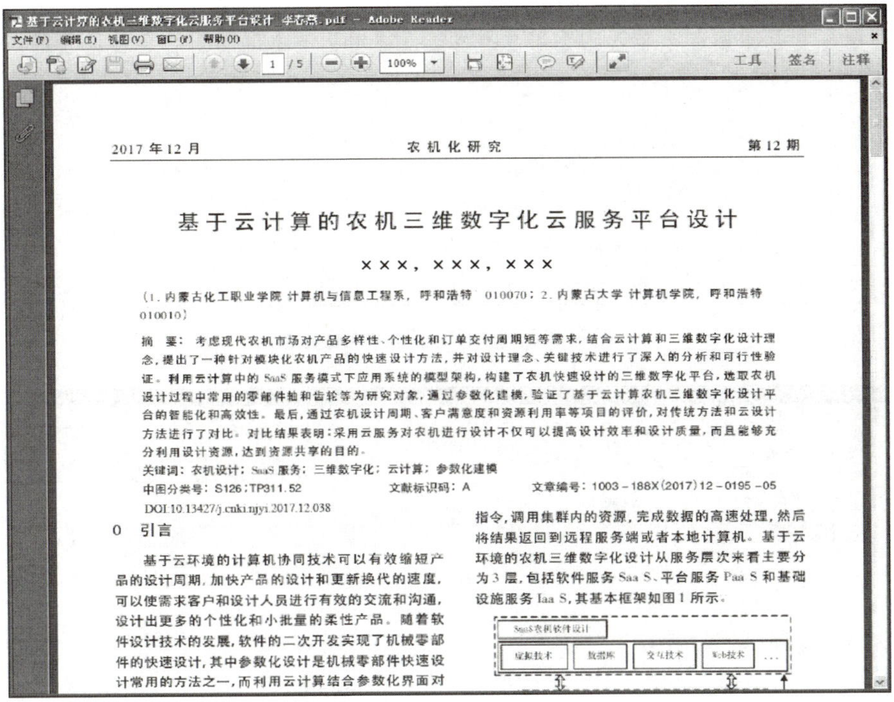

2017 年 12 月 农机化研究 第 12 期

基于云计算的农机三维数字化云服务平台设计

×××，×××，×××

（1. 内蒙古化工职业学院 计算机与信息工程系，呼和浩特 010070；2. 内蒙古大学 计算机学院，呼和浩特 010010）

摘 要：考虑现代农机市场对产品多样性、个性化和订单交付周期短等需求，结合云计算和三维数字化设计理念，提出了一种针对模块化农机产品的快速设计方法，并对设计理念、关键技术进行了深入的分析和可行性验证。利用云计算中的 SaaS 服务模式下应用系统的模型架构，构建了农机快速设计的三维数字化平台，选取农机设计过程中常用的零部件轴和齿轮等为研究对象，通过参数化建模，验证了基于云计算农机三维数字化设计平台的智能化和高效性。最后，通过农机设计周期、客户满意度和资源利用率等项目的评价，对传统方法和云设计方法进行了对比。对比结果表明：采用云服务对农机进行设计不仅可以提高设计效率和设计质量，而且能够充分利用设计资源，达到资源共享的目的。

关键词：农机设计；SaaS 服务；三维数字化；云计算；参数化建模

中图分类号：S126；TP311.52 文献标识码：A 文章编号：1003－188X(2017)12－0195－05

DOI:10.13427/j.cnki.njyi.2017.12.038

0 引言

基于云环境的计算机协同技术可以有效缩短产品的设计周期，加快产品的设计和更新换代的速度，可以使需求客户和设计人员进行有效的交流和沟通，设计出更多的个性化和小批量的柔性产品。随着软件设计技术的发展，软件的二次开发实现了机械零部件的快速设计，其中参数化设计是机械零部件快速设计常用的方法之一，而利用云计算结合参数化界面对指令，调用集群内的资源，完成数据的高速处理，然后将结果返回到远程服务端或者本地计算机。基于云环境的农机三维数字化设计从服务层次来看主要分为 3 层，包括软件服务 Saa S、平台服务 Paa S 和基础设施服务 Iaa S，其基本框架如图 1 所示。

图 3-28 完整的 PDF 文献信息

在文献详细页面，我们还可以了解发表该文献的期刊《农机化研究》的相关信息，包括期刊封面、期刊序号、期刊属性（中文核心期刊）等，甚至可以单击打开期刊封面的图片链接，进入中国知网的期刊导航页面（图 3-29），更进一步地了解期刊的其他信息或查看期刊发表的其他文献。

另外，我们可以通过初级检索页面的文献类型导航栏来指定检索文献的类型。例如，我们将文献类型选择为“博硕士”，就可以查看到以“云计算”为主题的博士、硕士学位论文情况（图 3-30）。当我们检索出来的结果较多，无法得到比较精确的文献时，可以通过中国知网的高级检索，来进一步缩小检索范围，得到想要的结果。

图 3-29　中国知网期刊导航页面

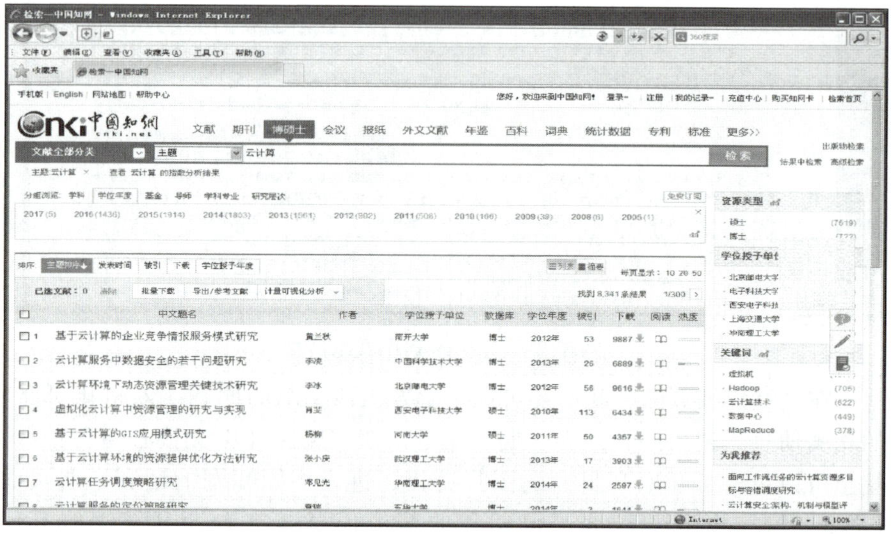

图 3-30　中国知网“云计算”博硕士学位论文检索结果图

视频

3.3.3　高级检索和专业检索

当我们利用中国知网的初级检索得到的结果较多，无法得到比较精确的文献时，可以通过中国知网的高级检索来进一步缩小检索范围，得到想要的结果。

1. 中国知网高级检索

与初级检索相比较，中国知网的高级检索具有更加丰富的检索功能。单击在初级检索页面检索条件输入框右侧的“高级检索”链接，就可以进入高级检索页面（图 3-31）。

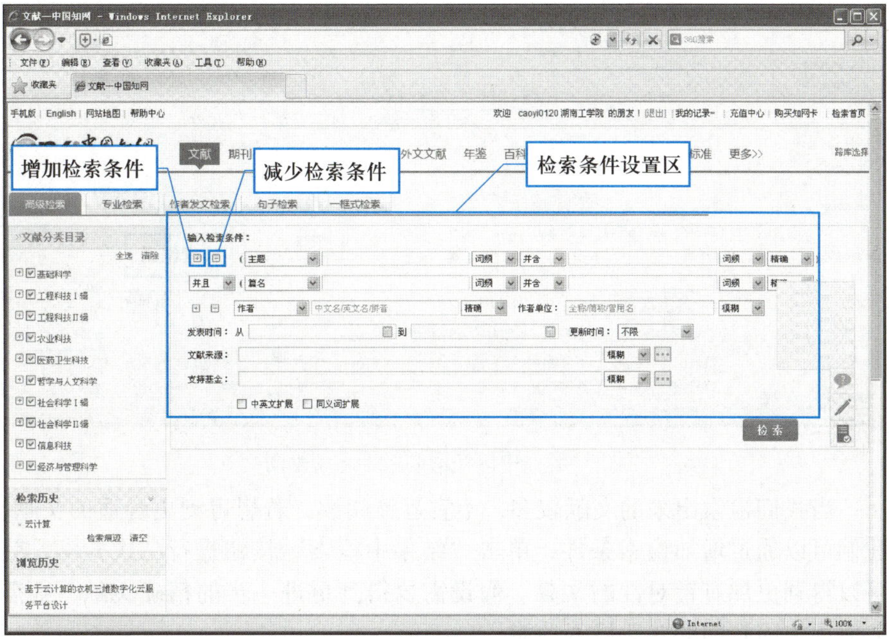

图 3-31　中国知网高级检索页面

在高级检索页面可以指定文献分类目录；可以对检索条件从主题、篇名、关键词等 7 个方面进行设置，并且可以通过“+”号按钮增加检索条件，或者通过“-”号来减少检索条件；还可以设置作者、作者单位、文献发表的时间、文献来源、基金等方式来进行文献的检索。总之，你选择的限制条件越多，查找出来的文献就越少、越精确；反之，文献量就越大，精准性就越差。

例如：我们想查询 2016 年以来，题名中包含“云计算”，关键词包含“大数据”的博硕士学位论文，则可以在高级检索的页面，在文献类型导航栏中选择“博硕士”，将题名设置成“云计算”，关键词设置成“大数据”，学位年度设置成 2016 年到 2017 年，单击“检索”按钮，我们得到 5 篇符合条件的文献（图 3-32）。

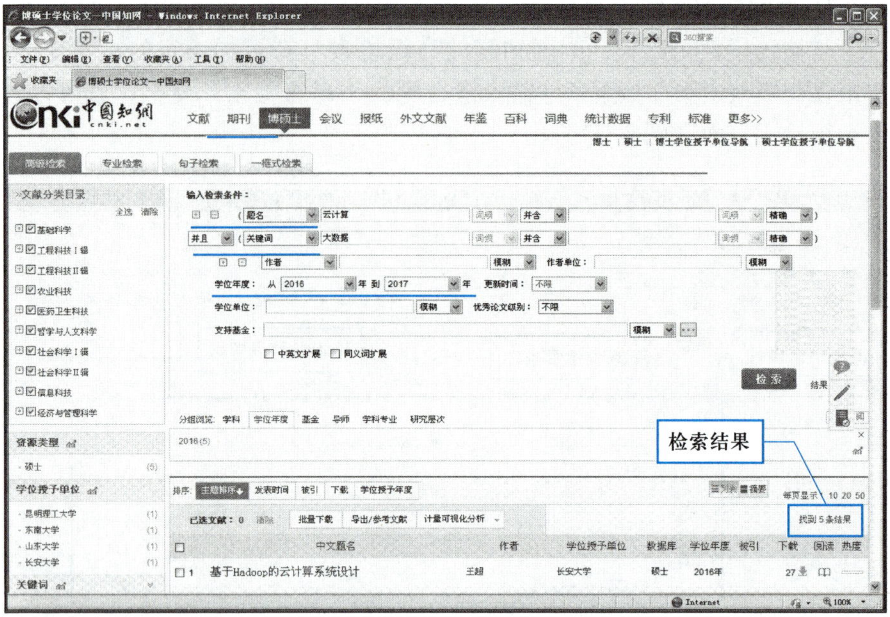

图 3-32　中国知网高级检索结果图

当我们检索出来的文献较多，不宜逐篇阅读，若想得到更合适的文献，我们可以通过增加检索条件，单击“结果中检索”按钮进行二次检索，就可以得到更加有针对性的文献。假设需要得到更进一步的精确文献，则需要使用中国知网的专业检索功能。

2. 中国知网专业检索

中国知网专业检索比高级检索功能更强大，但需要检索人员根据系统的检索语法，编制检索表达式进行检索，适用于熟练掌握检索语言的专业检索人员（图 3-33）。

专业检索比较复杂，需要用户自己输入检索表达式来进行检索，并且确保输入的检索表达式语法正确，这样才能检索到想要的结果。每个库的专业检索都有说明，详细语法可以单击右侧“检索表达式语法”，查看详细的语法说明（图 3-34）。

例如：我们需要查询出 2017 年主题包括“云计算”及“大数据”两个信息，并且全文中包括“应用”信息的文献，检索表达式该如何描述呢？

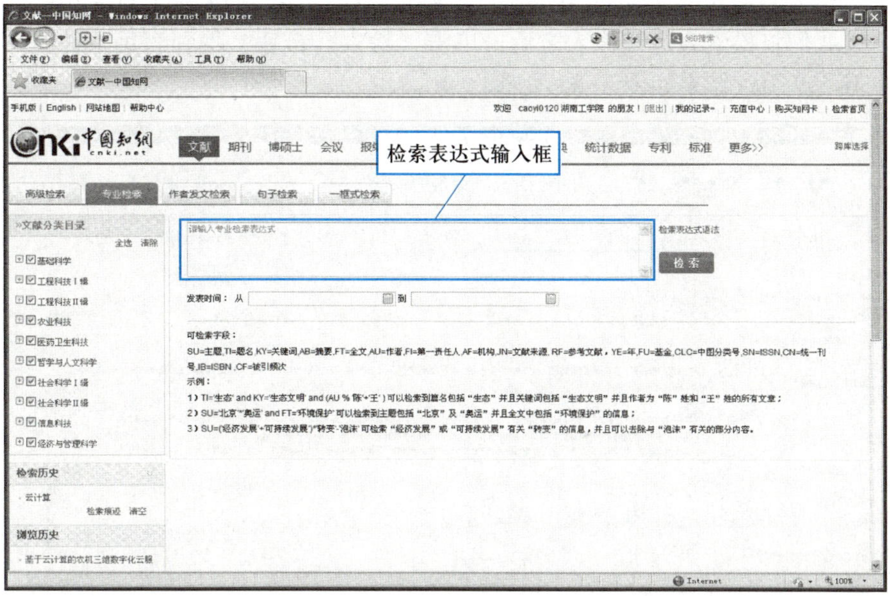

图 3-33　中国知网专业检索页面

图 3-34　中国知网专业检索表达式语法

检索表达式：SU = ' 云计算 ' * ' 大数据 'and FT = ' 应用 'and YE = 2017

我们将检索表达式输入之后，单击“检索”按钮，得到满足条件的文献有 459 篇，结果如图 3-35 所示。

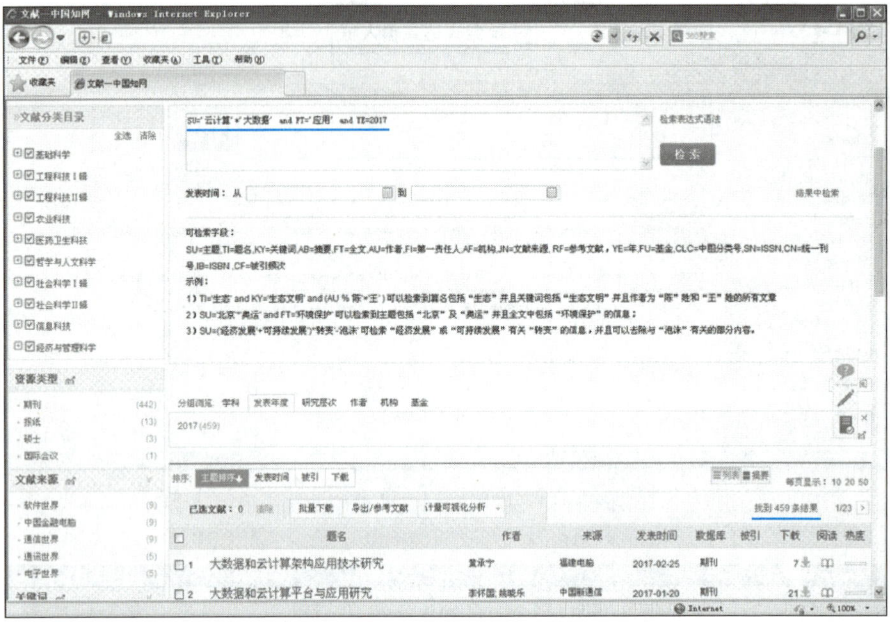

图 3-35　中国知网专业检索结果图

习题

一、单项选择题

1. ________是在网络上通过浏览器来学习的课程。

A. 网络课程　　B. 网络课件　　C. 搜索引擎　　D. 电子书籍

2. ________应用于网络环境，并且往往是结合网络课程来开展教学，网络课件是网络课程的核心组成部分。

A. 网络课程　　B. 网络课件　　C. 网络老师　　D. 网络学友

3. 能够提供微信、知乎搜索功能的搜索引擎是________

A. 百度　　B. 搜狗　　C. 爱问知识人　　D. 谷歌

4. 下面不属于搜索技巧原则的是________

习题答案

A. 提炼关键词　B. 想好找什么　C. 找到好网站　D. 智能分词

5. ________是一个基于机器学习技术的第三代搜索引擎，具有自学习、自进化能力。

A. 百度　B. 搜狗　C. 360搜索　D. 谷歌

6. ________提供网页、图片、视频、学术、词典等搜索服务，其特点是与微软公司产品深度融合。

A. 必应　B. 360搜索　C. 雅虎　D. 中搜

7. filetype：ppt表示搜索________

A. doc文件　B. 文本文件　C. excel文件　D. ppt文件

8. 中国知网专业检索比高级检索功能更强大，但需要检索人员根据系统的检索语法，编制________进行检索。

A. 语法　B. 关键词　C. 检索表达式　D. 语句

9. 如果需要查询"电脑总是发送错误报告怎么办？最好的办法是________

A. 提炼关键词搜索　B. 使用口语化搜索

C. 直接使用原句进行检索　D. 以上说法都不对

10. 如果需要搜索百度网盘上的数据和文件，可以使用________来搜索。

A. 百度　B. 搜狗　C. 盘搜　D. 谷歌

11. ________是一个基于自然语言搜索技术的用户互动型问答平台。

A. 百度　B. 搜狗　C. 谷歌　D. 爱问知识人

二、多项选择题

1. 网络上的学习资源包括________。

A. 网络课程　B. 网络课件　C. 搜索引擎　D. 电子书籍

2. 能够提供网络课件下载的网站有________。

A. 中国高校课件下载中心　B. 千源网

C. 中国知网　D. 中国期刊网

3. 互联网上各种各样专门知识的交流平台包括________。

A. 互动交流平台　B. 百科网站　C. 论坛　D. 社区

4. 超星移动图书馆能够提供________等资源。

A. 电子图书　B. 报纸　C. 学术资源　D. 公开课

5. 网络课程具有以下特征________。

A. 交互性　B. 共享性　C. 开放性　D. 协作性

6. 中国知网提供的检索方式包括________。

A. 初级检索　　B. 高级检索　　C. 专业检索　　D. 普通检索

7. 中国知网是一个集________等为一体的网络出版平台。

A. 期刊杂志　　B. 博硕论文　　C. 会议论文　　D. 工具书

8. 以下属于学习资源的有________。

A. 网络课程　　B. 网络课件　　C. 搜索引擎　　D. 电子书籍

9. 常用的搜索技巧中包含的原则有________。

A. 提炼关键词　　B. 想好找什么　　C. 找到好网站　　D. 智能分词

三、判断题

1. 虫部落是一个极为精细化的搜索工具。(　　)
2. 三百搜是一个极为精细化的搜索工具。(　　)
3. 虫部落是一个大而全的搜索工具。(　　)
4. 三百搜是一个大而全的搜索工具。(　　)
5. 中国知网的高级检索不包含初级检索的功能。(　　)
6. 中国知网检索文献时，选择的限制条件越多，查找出来的文献就越少、越精确；反之，文献量越大，精准性越差。(　　)
7. 中国知网的专业检索包含高级检索的功能。(　　)
8. 考试网站是一种网络学习资源。(　　)

四、填空题

1. filetype：ppt，表示搜索________。
2. ________提供网页、图片、视频、学术、词典等搜索服务，其特点是与微软产品深度融合。
3. ________能够提供微信、知乎等搜索功能。
4. ________是一个基于机器学习技术的第三代搜索引擎，具有自学习、自进化能力。
5. 如果要搜索腾讯网站上的内容，则输入________。
6. 中国知网提供________、________和________三种检索方式。
7. 中国知网专业检索比高级检索功能更强大，但需要检索人员根据系统的检索语法，编制________进行检索。
8. 中国知网各种检索方式的检索功能有所差异，基本上遵循________的原则。

五、论述题

1. 常见的网络学习资源有哪些？

2. 以自己的姓名作为搜索关键词，搜索与你同名同姓的人有多少个？姓氏的起源是怎样的？

3. 搜索你所学专业的培养目标、课程设置、开设院校、就业前景等信息，撰写一篇包含专业基本情况的文档。

课　件

第 4 章
大学“套路”你要懂

“套路”本属于武术招式组合，现已成为网络流行用语，比如我们常听到的：“我走过最长最远的路就是你的套路”、“城市套路深，我要回农村；农村路也滑，人心更复杂”等等；套路主要用来泛指成套的技巧、程式、方法等。大学也有“套路”，了解这些“套路”对大家顺利地完成学业很有帮助。

那么大学的“套路”在哪里呢？在开篇学习中，我们了解到大学的四个构成体系——资源体系、管理体系、环境体系和服务体系。本章介绍的大学“套路”指的就是大学“超市”里的管理体系。这个管理体系主要是由一些学习制度构成的，包括学籍管理制度、补考重修制度、考试管理办法、学位授予办法、辅修教育管理等（图 4-1）。

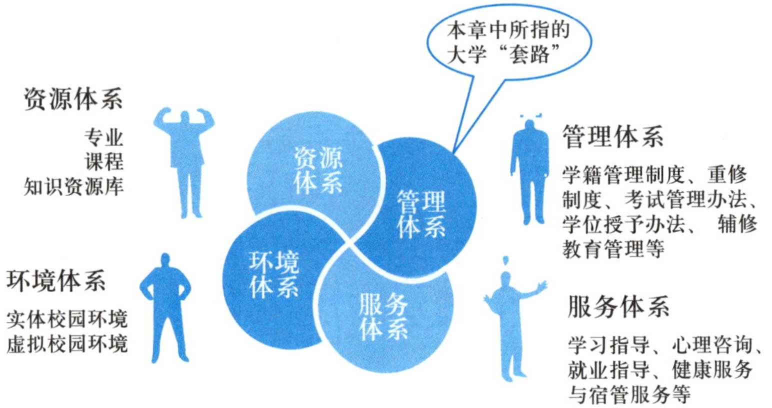

图 4-1　大学构成体系图

4.1　学分制

视频

4.1.1　学年与学制

了解大学“套路”首先要了解学分制。学分制是大学最基本的、也是最主要的制度规定。同学们如何选课、如何获得学分、如何毕业都需要遵守学分制的规定，这是我们在大学学习期间要弄清的主要“套路”。而要弄清楚学分制，首先又要了解学年和学制的问题。

什么是学年？

大家知道，每年的9月是大学的入学季，每年的6月是大学的毕业季。入学，意味着大学新学年的开始；毕业，意味着大学最后一个学年学习的结束。我们这里讲到的学年，它指的是教育年度，从当年9月1日到次年的8月31日；常规上来讲，每学年分为两学期，但也有三学期，乃至更多的，不同于自然年度。自然年度是从每年的1月1日到12月31日。学校的学习安排都是按学年来计划的。我们现在是大学一年级，这是大家大学学习的第一个学年。

什么是学制？

刚一跨入大学，很多同学就在说，大学这四年多么漫长呀！大家怎么知道大学要读四年的呢？这就牵涉到我们要讲的学制问题。学制，从广义上讲，是学校教育制度的简称，它反映着各级各类学校教育内部的结构及其相互关系，规定各级各类学校的性质、培养目标、修业年限及它们之间的衔接、转换等。我们平常所讲的学制，是一种狭义的内涵，主要指修业年限。

学制有标准学制和弹性学制之分。大部分学校在专业人才培养方案中都是既规定了标准学制，又规定了弹性学制（图4-2）。

标准学制，也就是基本修业年限，指的是国家对各级各类学校各专业设定的课程所需必要学习时间的规定。换句话来讲，就是大家完成就读专业设定的课程学习任务一般所需的学习年限。《中华人民共和国高等教育法》在第十七条对此有规定：专科教育的基本修业年限为2到3年，本科教育为4到5年，硕士研究生教育为2到3年，博士研究生教育为3到4年。这是国家的原则性规定。

弹性学制是指学习内容有一定的选择性，学习年限有一定伸缩性的学校教育教学模式。它的主要特点有三个：一是学习时间的伸缩性（可提前毕业，也可延迟毕业）；二是学习过程的实践性（它可以是半工半读，也可以是工学交替，还可以分阶段完成学业）；三是学习内容和学习方式的可选择性（学习课程有必修和选修之分、学习方式有校内和校外之别）。这样做的目的是用以满足同学们对教育选择的个性化、多样化要求。教育部最新修订的《普通高等学校学生管理规定》和国务院办公厅2015年印发的《国务院办公厅关于深化高等学校创新创业教育改革的实施意见》对弹性学制

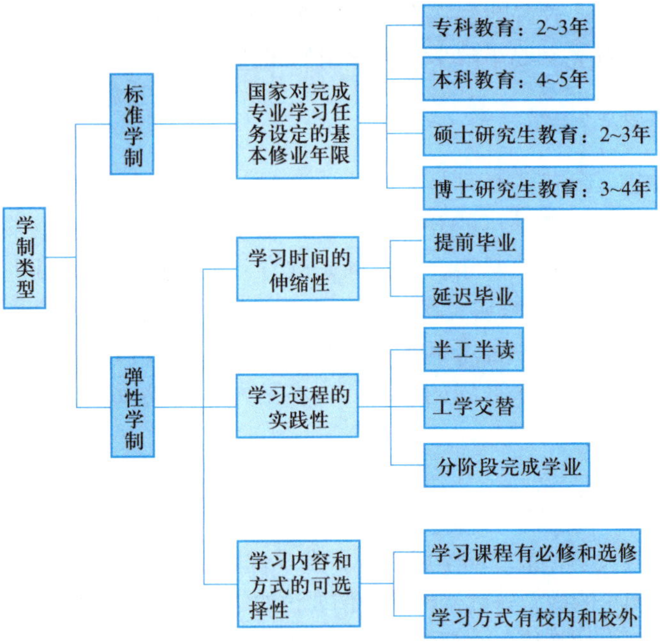

图 4-2　学制类型图

和休学创业都做出了明确规定。

这是我们讲的标准学制和弹性学制的问题。举个例来说，如某校某专业人才培养方案在“学制”这一部分作了这样的规定：“标准学制 4 年，弹性学制 3—6 年”，怎么解读它呢？这就是说该专业学生完成学业的基本修业年限是 4 年，但学生可以在完成培养方案规定的学习任务前提下提前 1 年毕业，也可以因为创业等原因延迟 1—2 年毕业。

视频

4.1.2　学分与学分制

就像我们用公斤、千克来计算重量，用米、千米来计算长度一样，大学是用学分来计量同学们的学习量的。

学分就是计量学习量的一个分值单位（图 4-3）。

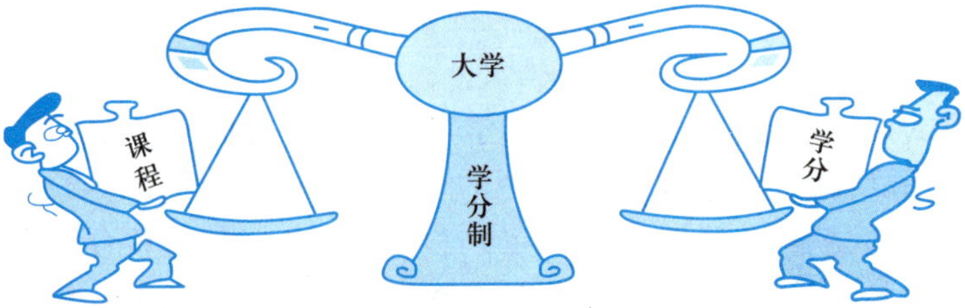

图 4-3　学分

在大学，每完成一门课程，并通过课程考核，你就可以获得这门课程对应的学分。因此，大学四年所获学分总量代表着大学四年所修习的课程总量。若要获得毕业证书或者学位证书，我们就必须达到某一个最低限度的学分量。这就是我们所讲的学分制。

学分制是与学年制相对应的教学管理制度。

学年制大家非常熟悉，我国从小学、初中到高中实施的均是学年制。它是以学年为计量单位衡量学业完成情况的教学管理制度，学生必须读满规定的学年，修满规定的科目和时数，且考试合格才能毕业。对于这种管理制度，学习的课程和时间都是固定的，大家只要按照课表进行上课学习，通过考试就可以了，基本上没有什么选择余地。

学分制则是把规定的毕业最低总学分作为衡量学生学习量和毕业标准的一种教学管理制度，它以学分为计算学习量的单位。如果你要获得某个学术性的学位，如学士学位、硕士学位或博士学位，必须达到某一个最低限度的学分量，这个学分量代表着学习的课程量。

学分制源于美国，1894 年哈佛大学首先采用学分制；20 世纪初，美国绝大多数高校陆续推行了学分制。1918 年北京大学在国内率先实行选课制，1978 年国内有条件的大学开始试行学分制，现在学分制改革已在国内各高校全面推开（图 4-4）。

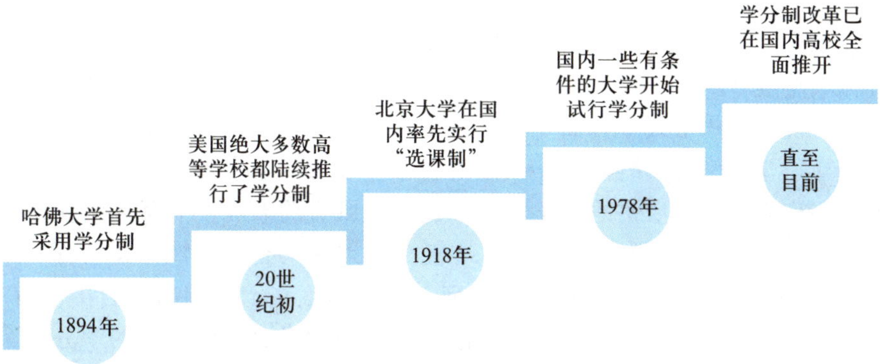

图 4-4　学分制发展过程

同学们在大学里如何选课、如何获得学分、如何毕业都需遵守学分制的规定，不能率性而为。

学分制经过 100 多年发展，形成了学年学分制和完全学分制两种比较成熟的类型。目前来看，学年学分制是我国大学最主要的教学管理制度。下面主要给大家介绍学年学分制，并通过图 4-5 将它与学年制和完全学分制作一比较，从中大家可以把握各自的优缺点。

比较项	学年制	学年学分制	完全学分制
学制年限	固定(4年或5年)	标准学制与弹性学制相结合	弹性学制(根据学生学习情况和学校要求确定)
毕业要求	完成规定课程学习，通过毕业论文(设计)	取得规定课程学分，完成毕业论文(设计)	取得最低毕业规定学分
课程开设	固定学期	固定学期与灵活安排相结合(如三学期)	灵活、多次
课程学习	排课课表	必修课排课课表 选修课自主选课	自主选课
课程面向	本年级本专业	公选课全校所有年级专业 必修和专业选修本年级本专业	全校所有年级专业
开课单元	行政班级	行政班级与教学班级相结合	教学班
教学关系	排课决定(老师)	必修课排课决定 选修课选课决定	选课决定(学生)
学业状况	已修课程教量，平均成绩	取得学分量积累	取得学分量，平均学分绩点
考核形式	课程考核，补考	课程考核、补考或重修 由学校规定	课程考核、重修

图 4-5　学分制、学年学分制和完全学分制比较图

从图 4-5 中大家可以看到，学年学分制与学年制、完全学分制在学制年限、毕业要求、课程开设、课程学习、课程面向、开课单元、教学关系、学业状况、考核形式等方面是既有区别，又有联系的，图表中已经讲得很清楚了。学年学分制既有学年限制的特征，又有完全学分制的特征，这也符合我们在第一章所讲的大学学习在选择上既有约束性，又有自主性的特点。它既保留了学年制计划性强、专业分类严密完整的特性，又具有学分制的某些长处。比如在课程选修方面，给予学生一定范围内的自由度等。学年学分制要求，学生一般需在标准学制内修满毕业要求规定的学分，除了医学相关专业标准学制为 5 年外，其他专业标准学制一般为 4 年；在国家政策允许的某些特殊情况下，学生也可以向学校提出保留学籍或休学的申请，适当地延长学习年限。

而完全学分制是一种把必须取得的毕业最低学分作为毕业标准的一种教学管理制度。这种学制完全实现了学生在学习时间和选课上的自由，给予了学生最大的自主权。但对学校的教学资源建设、师资队伍建设、招生就业制度、学生管理等方面的要求比较高，比如说学校必须提供足够多数

量的课程供学生选择，有足够多的教师和教室供学生上课；因为不是固定班级学生上课，给学生管理也带来了一定难度，目前国内外大部分高校是很难做得到这些的。另外，完全由学生自主选课，也很难确保学生知识学习的系统性和递进性，对很多同学来讲也可能会带来一定的盲从性，别人选什么我就跟着选什么。所以目前来看，各高校中实行完全学分制的并不多。

把握了学年学分制的基本特征，大家就能较好领悟大学学习与高中学习的差异，从而制定合适的学习计划，掌握正确的学习方法，不断提高学习效率。我们要知道，大学学习是一个自我完善、自我增值的过程，这就是上大学的真正价值。

4.1.3　学分计算与认定

视频

现在大家对于什么是学分和学分制都很清楚了。那么，大学的学分是怎么计算的，如何才能获得学分呢？

根据专业人才培养目标和要求，各专业都会预先制定好人才培养方案，规定各学期所开设的课程，根据课程在人才培养中的地位和作用设定了相应的学分。

各课程学分的计算方法是按相应课程的授课时数，以及所需课外作业时数和课程在人才培养中的地位来确定的（图 4-6）。也就是说，高等教育中的学分、学时是相互联系并且具有换算关系的。

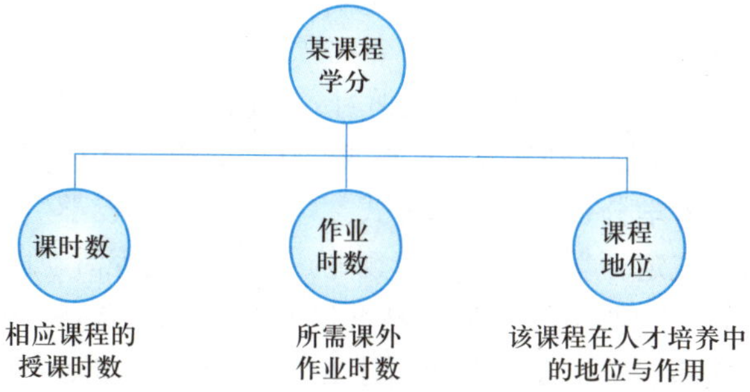

图 4-6　课程学分的计算方法

对学分所代表的学习量、学分与学时的换算比例各国都有不同的规定。如美国一些州学分的获得一般按“卡内基单位”计算，每单位代表 1 学年至少 120 小时的课堂教学。加拿大规定顺利修完最低 110 学时的课程学习就可以获得 1 学分，最低 55 学时获得 1/2 学分。日本文部省新高中课程标准规定，1 课时或一节课为 50 分钟，35 课时的教学为 1 学分。

国内高校多为每16—18学时记1学分，一个学时为一节课的时间（一般为45—50分钟），因此学时也称为“课时”。军训、入学教育、毕业教育、生产实习、毕业实习、毕业论文（设计）等，按周计算，一般以1周为1个学分。比如高等数学这门课程在人才培养方案中为5个学分，意味着这门课程需要80—90个学时；又比如人才培养方案规定毕业实习时间为10周，那么毕业实习的学分就为10学分。学分多也意味着该课程在这个专业学习中是十分重要的。

之前说明的是学分的计算问题，那么学分又是怎么认定的呢？一般来说，学分认定有通过课程考核认定和直接认定两种方式（图4-7）。

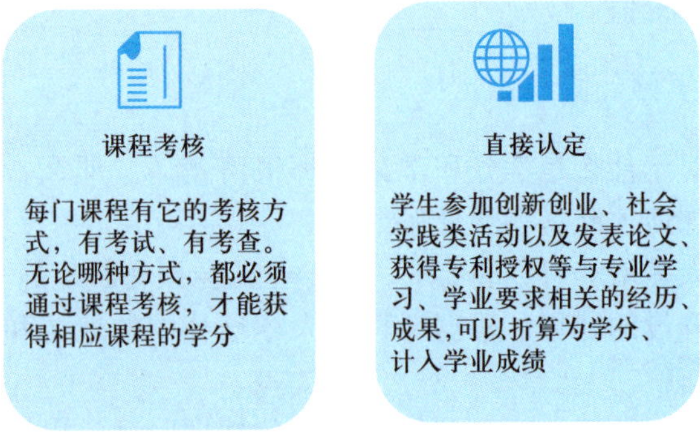

图4-7　学分认定的两种方式

通过课程考核后认定是大家获得学分的主要方式。大学里无论是理论课程还是实践课程都有一定的学分。每门课程有它的考核方式，有的是考试，有的是考查。无论是哪种方式，都必须通过课程考核才能获得相应课程的学分。网络课程是大家在网上自主学习，但也需要通过平台考核、经过学校教务部门认定后才能拿到学分。这点我们在前面的学习中已经了解到了。

直接认定获得学分是一种辅助方式。《普通高等学校学生管理规定》有这方面的原则性规定：学生参加创新创业、社会实践等活动以及发表论文、获得专利授权等与专业学习、学业要求相关的经历、成果，可以折算为学分，计入学业成绩。每个高校都出台了相关学分认定细则。程序一般是由学生本人提出申请并提供相应佐证材料，按照所在高校学分认定相关办法，符合要求的，可以直接获得相应学分。比如某校从2013级开始各专业在人才培养方案里都明确规定：学生必须选修不少于10个素质拓展与创新创业教育学分方能毕业。这10个学分就是通过直接认定的方式获得的；学校制定了具体的学分认定办法，学生参加社会实践活动、开展社会调查撰写调研报告、发表论文、获得专利、参加学科竞赛等都可以直接认定学分。

4.2 学历与学位

4.2.1 学历与学位的含义及区别

视频

大家在一定的学业期限即我们所讲的学制内，修完本专业人才培养方案所规定的学分，就有可能获得梦寐以求的两张证——毕业证和学位证，由此踏入社会工作或进入高校继续深造。毕业证代表的是大家的学历，学位证代表的是大家的学位。那么什么是学历，什么是学位，学历和学位又有什么区别呢？我们怎样才能顺利地既拿到毕业证，又拿到学位证？换句话来讲，要获得毕业证和学位证需具备哪些条件呢？弄清楚大学这些“套路”，对于同学们事关重大。

什么是学历？

学历，指的就是学习经历，即指人们在教育机构中接受科学、文化知识训练的学习经历。一个人在什么层次的教育机构中学习，接受了何种层次的训练，便具有相应层次的学历。如大家经过高中阶段的学习，毕业了拿到的是高中毕业证，表明大家现在具备高中学历。

但高中学历显然不是同学们最后的、也不是最高的学历。一个人具有什么学历，是指一个人最后也是最高层次的一段学习经历。它的判断依据是什么呢？它的判断依据就是你的学历证书。

国家承认的学历在基础教育阶段有小学、初中、高中或中专三个层次，进入大学之前这三个层次的学历证书大家已经拿到了。在高等教育方面有专科、本科、硕士研究生、博士研究生四个层次，后三个层次是大家以后努力的方向和目标（图 4-8）。

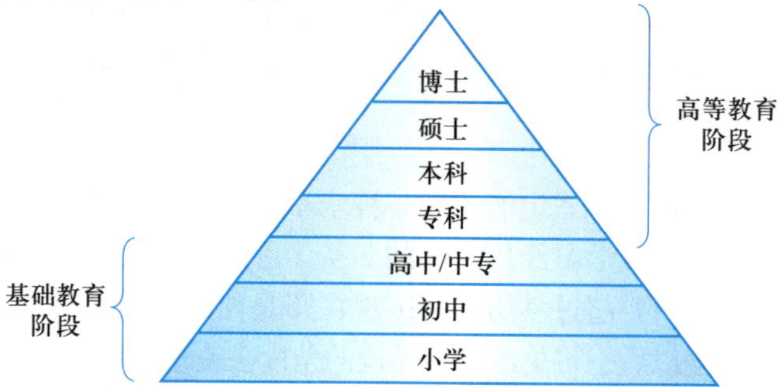

图 4-8　学历教育

什么是学位？

学位是标志被授予者的受教育程度和学术水平达到规定标准的学术称号，分学士、硕士、博士三级。本科毕业符合学位授予条件，你就能获得学士学位（图4-9）。

图4-9　学位帽

讲到这里，有人会问，那博士后属于哪一级呢？我们要知道，博士后不是一种学位，它指的是获准进入博士后科研流动站从事科学研究工作的博士学位获得者。很多人将博士后看成是高于博士的学位，这是对我国学位制度的误解。

学位由谁来授予？根据《中华人民共和国学位条例》和《中华人民共和国学位条例暂行实施办法》的规定，学士学位，由国务院授权高等学校授予，硕士学位、博士学位由国务院授权的高等学校和科研机构授予。

刚才我们分析了学历与学位的概念，知道学历和学位是有很大的区别，不能画等号的。学位是学术称号，学历是学习经历。学历证明了学习的经历，而学位是学习水平和层次的体现（图4-10）。

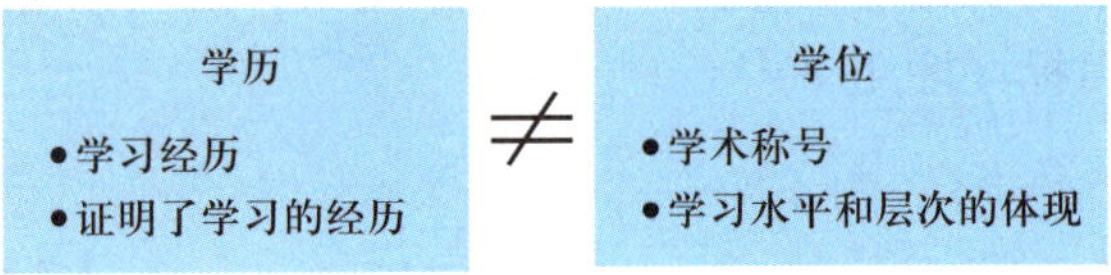

图4-10　学历与学位的区别

所以，有学习经历不一定能达到某种水平和层次，达到某种水平和层次的也不一定是通过学校学习经历获得的。从国际上来讲更趋向于注重一个人的学位，学位的价值要超过学历，我国现在还是比较重视学历。与国际接轨后，笔者认为我国以后也将更注重从学位的角度去衡量一个人的价值。

基础教育只有学历，没有学位，大家从小学、初中、高中毕业后拿到的都只是一张毕业证，没有学位证。高等教育中的专科也只有毕业证，没有学位证；只有通过本科、硕士、博士阶段的学习后才有可能拿到相应的学位证。

普通高校全日制本科生要取得学士学位，必须取得毕业资格，获得毕业证；但取得毕业证的，不一定能够获得学士学位证。各自获取的条件不一样，我们后面要讲这个问题。

大家经常会填个人简历表。表中有“最高学历”、“最后学位”等栏目，很多人感到无从下笔。有人这样填：最高学历——本科，最后学位——博士。这对不对呢？很有可能填表的这个人为本科毕业，后通过在职学习申请取得了博士学位，所以其学历仍为本科，而非博士学历。也就是说，光是获得学位证，而未取得相应学历证的，学历仍为原学历。那么，从这里大家也可以看出学历和学位之间的区别。

4.2.2　学历证书与学位证书的类别

视频

什么是学历证书？

学历证书指的是经教育行政部门批准、实施学历教育、由国家认可的有文凭发放权力的学校及其他教育机构颁发给学生，以证明其受教育程度的凭证。按国家规定招收、入学后取得学籍的学生，在完成某一阶段的学业后，根据考试的结果，取得相应的学历证明。

普通高等教育学历证书系普通高等学校以及承担研究生教育的其他机构颁发给学生受教育程度的凭证。承担研究生教育的其他机构一般为专门的科研院所，主要是从事研究生培养，很少承担本科阶段的教育。这有一个例外，大家熟知的中国科学院大学，简称国科大，前身为中国科学院研究生院，我国第一个研究生院，从 2014 年开始招收本科生。

很多人都认为，学历证就是毕业证。其实这也是一种误解，学历证书并不等于毕业证书。普通高等教育学历证书除了毕业证书以外，还有结业证书、肄业证书两种（图 4-11）。

什么情况下颁发毕业证书，什么情况下颁发结业证书或肄业证书？

教育部最新颁布的《普通高等学校学生管理规定》有明确规定。

第三十二条规定了毕业证获得的条件：“学生在学校规定学习年限内，修完教育教学计划规定内容，成绩合格，达到学校毕业要求的，学校应当准予毕业，并在学生离校前发给毕业证书。”这里指明了学生获得毕业证书

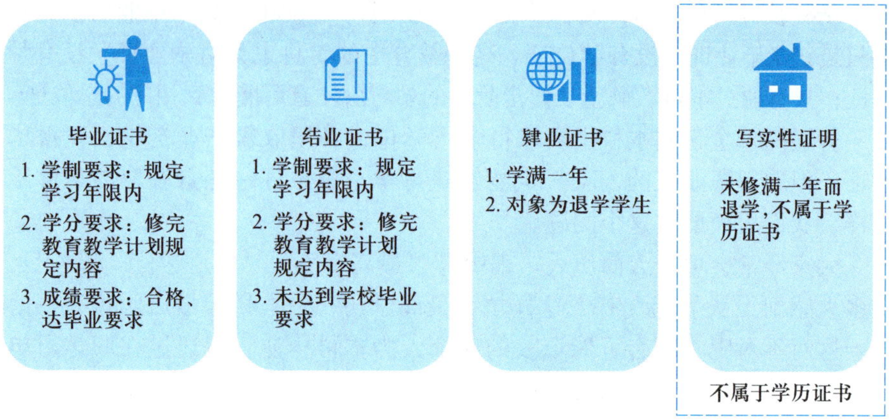

图 4-11　毕业证书、结业证书、肄业证书和写实性证明

的三个条件：学制要求——在学校规定的学习年限内，超过规定年限就不能获取；学分要求——修完教育教学计划规定内容，没修完不能毕业；成绩要求——成绩合格，达到毕业要求，修完了没合格也不行。另外规定了发放时间要求——学生离校前。

第三十三条规定了在什么情况下颁发结业证书：“学生在学校规定学习年限内，修完教育教学计划规定内容，但未达到学校毕业要求的，学校可以准予结业，发给结业证书。”与获得毕业证书条件的最大区别在于：虽然前两个条件达到了，但关键的第三个条件达到毕业要求不满足，所以只能拿结业证书。

有同学也许会问：我以后可不可以拿结业证书换毕业证书呢？对于这个问题，第三十三条第二款是这样说明的：“结业后是否可以补考、重修或者补作毕业设计、论文、答辩，以及是否颁发毕业证书、学位证书，由学校规定”。意思就是说看学校是怎么规定的，学校规定符合条件可以换那就可以换，不能换则就不能换。这就需要我们自己去了解各自所在学校的现行政策了。

第三十三条第三款对颁发肄业证书作出了如下规定：“对退学学生，学校应当发给肄业证书或者写实性学习证明。”这里可以看出对象是针对退学的这部分学生。那么什么情况下发肄业证书，什么情况下发写实性证明呢？一般来说，学满一年而退学者可视为肄业，发给其肄业证书；不满一年的发给其写实性学习证明（它不属于学历证书）。

这是教育部文件关于学历证书三种类型的相关规定。

学位证书与学历证书的区别

学位证书是标志被授予者的受教育程度和学术水平达到规定标准学术

称号的一个凭证。前面我们讲到了，它是由国务院授权的高等学校或科研机构授予的。

参照国家学位条例规定，学位分学士、硕士、博士三级。另外硕士、博士都有专业型和学术型两种，学位还分理学、工学等按照专业类别分学位类别，参照在学位证书上所写内容来判断。

比如大家如果学的是本科自动化专业，那么四年后拿到的学位证书就会这样写：授予工学学士学位。工学指的是学科门类，学士表明的是学位等级。

4.2.3　本科毕业与学位授予的基本条件

视频

在前面的学习中，我们了解到了学历与学位是有区别的，学历代表的是你的学习经历，学位代表的是你的学术水平。相应的，获得毕业证和学位证的条件也是有很大差别的。经常被学生询问：“老师，我都拿到毕业证了，为什么拿不到学位证呀？”这里呢，部分同学没搞清楚学历和学位有什么区别，获得毕业证和学位证条件有什么不同；入校以后也没去了解自己所在学校和所在专业学位授予的各种条件，导致最后拿不到学位证，从而影响自己的就业和升学。

本科毕业和学位授予的基本条件有相同的，也有不同的，图 4-12 中大家可以看出两者的差异所在。

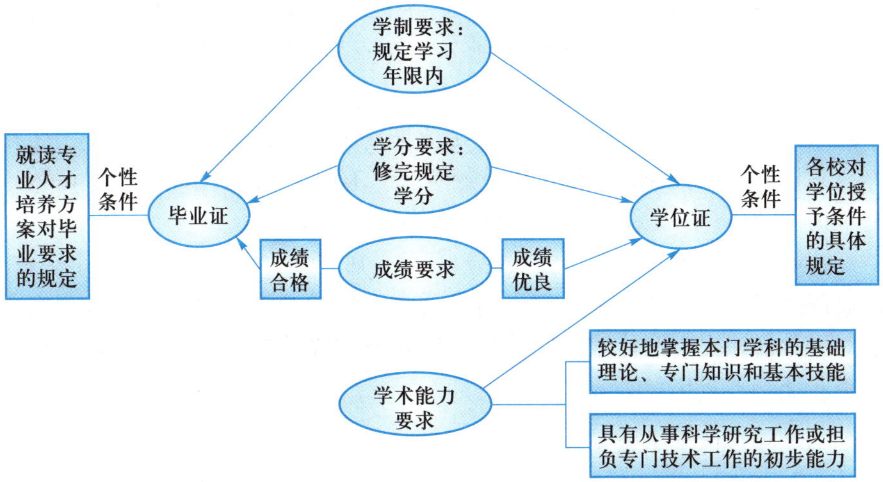

图 4-12　毕业证与学位证授予条件的差异

本科毕业的基本条件

学历证书并不等于毕业证书。这就意味着大家在大学学习结束后有可能拿到的是结业证，甚至是肄业证或写实性学习证明，而不是毕业证。我们每一个人怎样才能正常毕业，顺利拿到毕业证呢？这就需要了解本科毕业需要哪些条件。

正常毕业要满足三个基本条件：在规定的学习年限，修完规定的学分，成绩合格达到毕业要求。但到底要修满多少学分，这些学分又有什么特殊要求呢？

对于这个问题，每所学校对毕业都有自己不同的要求，同一所学校不同专业对毕业既有共性的条件，也有个性的条件，具体的要求都体现在每个专业的培养方案。大家所在专业的人才培养方案就是指导大家整个大学期间学习的纲领性文件，在这个纲领性文件里，包含了专业的培养目标、培养规格与要求；开设了哪些主干学科、核心课程，有哪些主要实践性教学环节；规定了标准学制和弹性学制，要修满多少学分，获得学位的基本条件，整个专业课程的框架及学分分配、课程设置与教学进程等方面内容。大家要多多学习和了解本专业的培养方案。

个案：某学院某专业人才培养方案关于毕业要求的规定

毕业所需学分：本专业学生在校期间必须修满本方案规定的170学分和不少于10个的素质拓展与创新创业学分方能毕业。其中170学分中包含必修课程133学分，选修课程37学分（含公共选修课程6学分，其中又必须选修2学分的艺术类课程）。

未达到毕业要求，那就会发放结业证。发结业证有两种情况：一是培养方案规定的课程和各种教学环节经考核，有一门以上（含一门）课程经补考仍不及格；二是受留校察看以上处分尚未解除。

结业证可不可以换发毕业证呢？答案是可以的，但也得具备两个条件。结业证换发毕业证的条件：学生结业后在弹性学制年限内，按学校规定可以对不及格课程申请补考，经补考合格者或解除留校察看处分者，可以换发毕业证。

学士学位授予的基本条件

获得学士学位证既有共性条件，也有个性条件（图4-13）。

共性条件：《中华人民共和国学位条例》第四条：高等学校本科毕业生（首先要取得毕业资格），成绩优良（比毕业条件中的成绩合格要求更高），

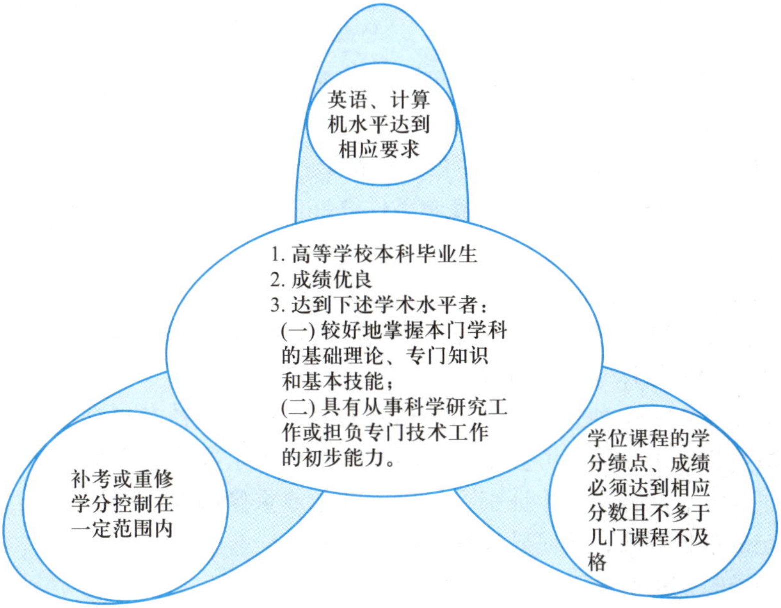

图 4-13　学士学位授予的基本条件

达到下述学术水平（学位取得与学术水平要求）者，授予学士学位：（一）较好地掌握本门学科的基础理论、专门知识和基本技能；（二）具有从事科学研究工作或担负专门技术工作的初步能力。

个性条件：每个学校对学位授予都有自己的要求。如有的学校规定，要取得学位，英语水平、计算机水平达到相应要求或者补考或重修学分控制在一定范围内；有的学校规定学位课程的学分绩点或成绩必须达到相应分数且不多于几门课程不及格，才能获得学位证。

个案：某学院学士学位授予基本条件

授予学士学位的基本条件共 5 条，前三条是共性条件，后两条是个性条件。

1. 拥护中华人民共和国宪法，遵守国家法律法规，遵守校规校纪，品行端正，立志为社会主义建设服务（思想政治素质要求）；

2. 完成我院人才培养方案中规定的课程学习和毕业实践环节（包括毕业实习、毕业设计（论文）等），且成绩合格，经审核准予毕业（学业要求）；

3. 较好地掌握本专业的基础理论、专业知识和基本技能，经考核具有从事所学专业的工作能力和从事科学研究工作的初步能力（知识能力要求）；

4. 非外语专业初步掌握一门外国语，能较熟练地阅读本专业的外文书刊，并按学院要求通过相应的等级考试或学院组织的学位外语考试；外语专业按人才培养方案要求通过相应的专业等级考试或学院组织的学位外语考试（外语能力要求）；

5. 具有一定的计算机基础知识和实际操作能力，并按学院要求通过相应的等级考试（计算机水平要求）。

同时规定了不授予学士学位的几种情形：

1. 不具备学校规定的学位授予条件之一者（上述5条里面只要有一条不符合要求就不能授予学位）；

2. 学生在校期间受过留校察看处分而未解除的；

3. 凡补考或重修课程累计学分达30及以上者；专升本学生本科期间补考或重修课程累计学分达20及以上者。

有的学生有这种想法：期末考试比较难，而重修补考相对容易些，于是就放弃期末考，等补考算了。殊不知这就导致了部分学生虽然补考通过拿到了学分，取得了毕业证书，但由于补考或重修课程累计学分超过了学校规定的最低界限，从而导致拿不到学位证。

两条特别提醒：

1. 很多学校规定：学校对每一届应届毕业生只进行一次学位授予，在校期间未获得学士学位者，一律不再补授。

2. 学位证书如有遗失或损坏，不予补发。经本人申请，学校核实后可出具相应的证明书，证明书与原证书具有同等效力。

总而言之，要拿到毕业证和学位证都是既有共性条件，又有个性条件。希望大家多多了解就读学校和就读专业关于毕业和学位授予的相关规定，不要因为自己的疏忽而给自己造成遗憾。

视频

4.3 辅修专业与辅修学位

从前面介绍的毕业证和学位证获得的条件来看，只要大家在大学学习过程中用心去学，获得两证应该不是一件很困难的事情。而且还有一部分同学学有余力，想学习其他专业的有关课程，却不知道该怎么做。下面关于辅修专业和辅修学位的问题就是为大家专门准备的。

辅修教育，分为辅修专业和辅修专业学位两种。

辅修专业是指确有学习余力的学生，在校期间修读同层次其他专业课程。达到专业要求的，学校可为其颁发辅修专业证书。辅修专业证书与学历证书配合使用，一般不单独作为学历证书使用。

辅修专业学位（以下简称辅修学位）是本科学生在学有余力情况下，在主修一个本科专业之外，跨学科门类（哲学、经济学、法学、教育学、文学、历史学、理学、工学、农学、医学、管理学、艺术学、军事学）辅修另外一个本科专业，完成所修本科专业教学计划规定的所有课程、毕业论文和其他教学环节，不低于一定学分，且考核成绩合格，在获得第一专业学士学位的同时，经学校核准、颁发第二专业的学士学位证书。

这里大家要注意的是，辅修学位必须是跨学科门类。比如我是学会计学的，要辅修学位，必须选择除管理学以外的其他12大学科门类下的专业，如属于文学、经济学、法学等学科门类的专业辅修学位。

在我国通常将辅修专业学位称为双学位，也有高等院校为辅修学生颁发了双学士学位证书，这其实并不规范。教育部明确指出国家目前没有实行所谓的双学位制度、尚没有适用于双学位的相应政策。在教育部的公开文件中，提到“双学位”一词往往都是指与国外大学联合办学的双学位，如中外合作办学等。国内高校本科生在大学期间修读的双学位，严格来说，应称为辅修专业学位。

《湖南省高等教育辅修专业学士学位教育管理暂行办法》（湘教发〔2015〕44号）第二十一条规定：辅修专业学位证书应和主修专业学位证书分别颁发。学校在填写辅修专业学位证书时，须在专业名称后加上括号，并在括号内填写“辅修”字样。

为什么要开设辅修教育？

开展辅修教育意义十分重大。辅修专业和学位教育是探索跨学科组织教学模式，促进复合型人才培养的一项教学改革措施。它有助于全面推行素质教育，促进学科间的交叉渗透，培养复合型、创新型人才；有助于拓宽毕业生就业渠道，增强毕业生在人才市场的竞争能力。大家有兴趣的话可以了解一下各自学校的辅修规定，并且在条件许可的情况下积极参与。

现在各学校越来越重视开展辅修教育，也出台了相关的鼓励政策。如北京大学2017年3月30日公布双学位（北大也将辅修学位称作是双学位）及辅修新规：北大以后不再专门区分主修课程和双学位、辅修课程，所有选课的学生都在同一课堂，完成同样的作业和考试；成绩也不再与主修成绩进行区分，而是共同纳入学生的总成绩，都记载在同一张成绩单上。从制度上保障北大的双学位、辅修的含金量与主修保持一样的水准，为跨学科人才培养提供更好的政策支持，让学生获得更好的成长体验，成长为更具创造性的人。

辅修教育的管理

从辅修教育的管理来看，辅修专业和辅修学位基本上都是采用学分制管理。到底要修满多少学分，各地和各校的要求不一样，辅修专业和辅修学位的要求也不一样。一般情况下，辅修课程要远远少于主修专业课程，大概是其 1/3 左右；而辅修专业的学分要少于辅修学位的学分。收费上，辅修专业也要少于辅修学位。

北京大学《关于本科生修读双学位管理办法》规定："辅修专业必修课应在 5—8 门，30 学分左右，不得低于 20 学分。双学位的课程可在辅修课程基础上增加 3—6 门，40 学分左右，不得低于 30 学分。"从这里可以看出，辅修学位要比辅修专业多 10 个左右学分，3—6 门左右课程。

《湖南省高等教育辅修专业学士学位教育管理暂行办法》第十三条对辅修学位学分规定：举办学校应根据人才培养方案对辅修学位开设的课程作出明确规定，辅修学位课程应包括该专业作为主修专业的全部专业核心课程及毕业论文或毕业设计，总学分不得低于 50 学分。

4.4 常见问题解答

视频

4.4.1 选修与必修

经常有同学问：大学为什么既有必修课又有选修课？对学业有什么影响吗？

我们先看一个案例：某校大四学生李某，高高兴兴地实习归来，却被老师告知无法按时毕业，也无法在毕业前取得毕业证书和学位证书。李某一脸茫然，明明修满了规定学分数，怎么不能毕业呢？到教务部门一询问，方知虽然学分数够了，但选修课程中的艺术类学分达不到最低要求，必须补修才能取得毕业资格。

李同学的错误在于只了解了专业毕业要求中的最低学分数，却没细看这最低学分数里面还规定了必须完成的选修课学分数，选修课学分数又有不同的要求。对刚从高中跨入大学的各位同学来说，大部分都不是很清楚大学课程体系中关于必修课和选修课的要求。

其实，在每个专业的培养方案中都会规定，要取得毕业资格，必须修满多少学分，其中选修课学分又必须达到什么要求，等等。并不是说总学分数量达到就可以毕业，获得证书。

大学的学习并不是随心所欲的，学习选择过程既有自主性，更有系统性和连续性。就像体操或跳水比赛中，既有规定动作，又有自选动作。规定动作是必须要做的，自选动作是运动员根据自身特长和规则要求自己选定的。必修课就相当于规定动作，而选修课则相当于自选动作。

什么是必修课程呢？必修课程是指按照专业培养要求必须要学习并且掌握的课程。

选修课程是相对必修课程而言的，指的是学生可以有选择地学习的课程。

从下面的图 4-14 中我们可以发现必修课和选修课都有公共和专业课程之分，类型丰富多样。

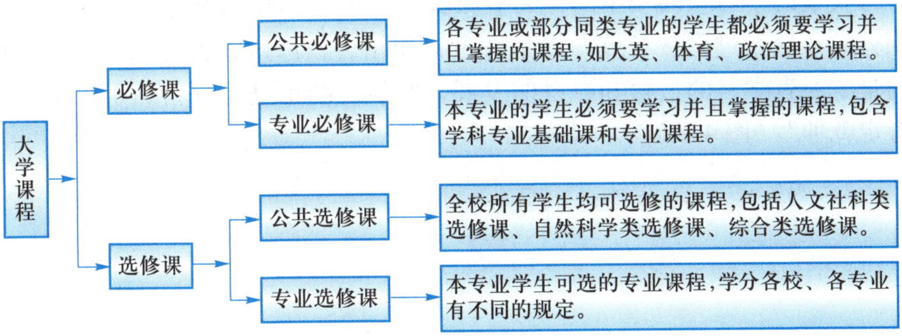

图 4-14　必修课与选修课

必修课分公共必修课和专业必修课两种。

公共必修课是指各专业或部分同类专业的学生都必须要学习并且掌握的课程，像大学英语、体育、思政课、高等数学等。

专业必修课是指本专业的学生必须要学习并且掌握的课程。每个专业都有它指定的专业必修课，包含学科专业基础课和专业课程。

选修课分为公共选修课和专业选修课两类。

公共选修课，指的是全校所有学生，不论专业，都可以选修的课程。公共选修课是学校设置的，不同的学校有不同的选修课设置和管理办法。公共选修课的内容也是十分丰富的，如在网上迅速走红的某高校的防骗课，就是一门公共选修课；还有 2012 年厦门大学首次在国内高校中推出了爬树课，当时曾一度引起了网络热议，这门课程也是公共选修课。大家现在所学习的“大学来了——E 时代大学生学习指导”同样是一门公共选修课。所以从内容上看，大学公共选修课基本上包括人文社科类选修课（历史、哲学、法律、音乐、美术等)、自然科学类选修课、综合类选修课。一般要求的学分不高，在6—10个学分左右，大部分学校规定必须修满2个艺术类选修学分。

专业选修课指本专业学生可选的专业课程，各校、各专业对学分有不同的规定，是掌握专业知识、扩大专业知识面的重要途径。

选修课的学分要求一般是毕业的硬性指标，在修满符合学校规定的选修学分后才有毕业资格。

视频

4.4.2 考核与“挂科”

刚才我们通过学习，了解到了大学课程有必修与选修之分。那么，大学课程又是如何考核的呢?

大学的学习与高中不同，大学课程的考核与高中差异也比较大。大学课程的考核是过程性考核与终结性考核相结合，以过程性考核为主，看中的是学习者学习的过程和自身的发展，对学习结果进行评价，不再是“一考定乾坤”(图4-15)。

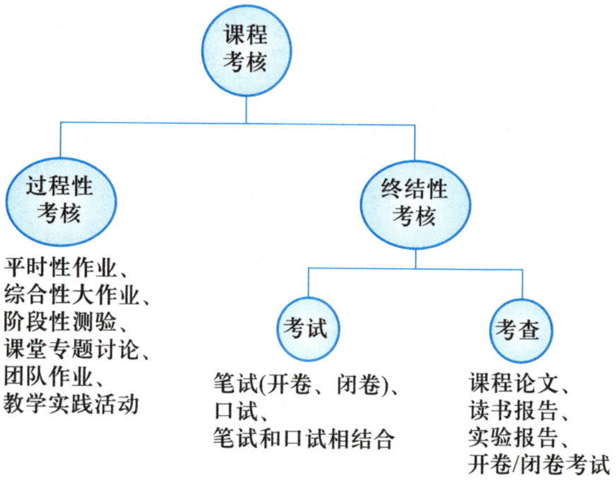

图4-15 大学课程考核方式

过程性考核以平时作业、综合性大作业、阶段性测验、课堂专题讨论、团队作业、教学实践活动等形式，它有利于合理考核学生成绩，科学评价教学效果，促进学生自主学习，促使教师角色向服务者和引导者转变。

终结性考核指的是在教学活动结束后，为判断其效果而进行的考核，主要有两种评价方式——考试和考查。考试有笔试、口试或者笔试口试相结合的方式。考查需要学生在完成课程学习之后，按照任课老师的要求，撰写一篇课程论文或者一篇读书报告、完成实验报告等，也有的考查课程需要进行开卷或闭卷考试。考试成绩以百分制记，考查的成绩以优秀、良好、中等、及格、不及格等几个等级记。

课程考核的结果不外乎两种：通过和不通过。不通过就是同学们讲的挂科。挂科了，怎么办？

校园里流传“不挂科就不叫大学”这句话，你信吗？

挂科，也就是综合考核成绩低于 60 分或等级评定为不及格。相应地，在下一学期开学后会有重修或补考。

正常考试通过后获得的学分与挂科后通过补考或重修获得的学分是不同的。学生通过正常考试获得的学分称为正常学分；正常考试未通过，通过补考或者重修获得的学分为补考（重修）学分（图 4–16）。

图 4–16　课程学分获取方式

挂科绝不是什么好事，对同学们的影响是很大的，从图 4–17 我们可以看到，挂科会对同学的学习、档案、学籍、学位以及就业深造五个方面带来不良影响。

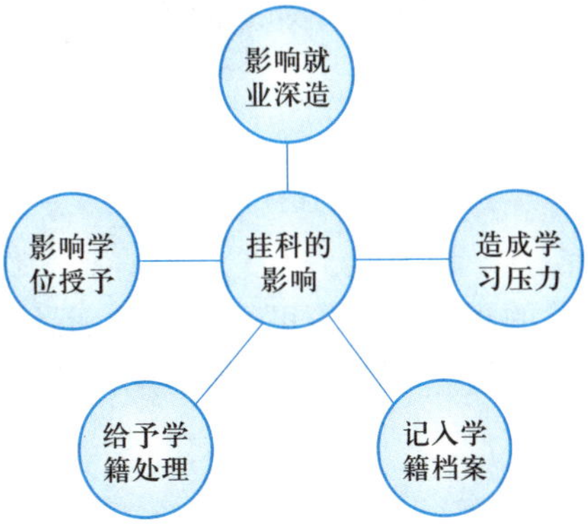

图 4–17　挂科的影响

挂科有什么影响？

影响评优评先，加重学习压力，造成心理负担。学校对挂科的同学会规定取消年度的评优评先。并且挂科是个恶性循环，前面的课程基础未学好，容易加重后期学习压力，更容易产生挫败感，影响学习自信，造成心理上的压力，由此产生厌学等心理问题。

会记入学籍档案。很多同学临近毕业时便开始担心，我以前挂科的课程学校出具的成绩单上会有记录吗？根据《普通高等学校学生管理规定》第十八条：学校应当健全学生学业成绩和学籍档案管理制度，真实、完整地记载、出具学生学业成绩，对通过补考、重修获得的成绩，应当予以标注。所以，补考、重修的成绩，会标注在你的学习成绩登记卡上，并记入你的学业成绩和学籍档案。

会有相应的学籍处理。学校对学生每学期应获得的最低学分数是有要求的；当未达到最低要求时，学校将根据轻重给予相应的学籍处理，如学业预警、留级、退学等。每个学校都有同学因学业问题被退学。

会影响到学位的授予。在前几节的学习中，我们了解了获得学士学位的基本条件，其中就有规定，在校期间，重修（补考）累计学分超过一定上限或者达到一定比例，将不被授予学位。所以，挂科过多将会拿不到学位证（图 4-18）。

图 4-18　挂科影响学位

影响就业、继续深造。毕业时，无论选择应聘工作、考研还是出国留学，查看你大学成绩单的环节是必不可少的，特别是申请出国留学、出国作交换生更看重成绩。成绩一定程度上体现的不仅是你的学习能力，还有你的意志力和自控力。

视频

4.4.3　休学与复学

我们知道，大学学习一般是在标准学制内完成。但是特殊情况下，也允许学生申请休学，保留学籍，延长学习年限。

哪些情况可以向学校提出休学申请？

根据国家有关规定，下列情况下可以申请休学：

入伍休学。《普通高等学校学生管理规定》第二十七条规定：新生和在校学生应征参加中国人民解放军（含中国人民武装警察部队），学校应当保留其入学资格或者学籍至退役后 2 年。

创业休学。学校对于休学创业的学生可以单独规定最长学习年限，并简化休学批准程序。这是 2017 年最新修订的《普通高等学校学生管理规定》的亮点之一，将会从 2017 年 9 月开始执行。它突出对学生创新思维、创业精神和创新创业实践能力的培养，为学生创新创业提供了制度支持。

因病休学。学生因病经医院诊断，需要停课治疗的，由本人提出申请，出具相关医院证明，学校可为其办理休学。

如何办理休学手续?

据《普通高等学校学生管理规定》第二十五条规定：学生申请休学或者学校认为应当休学的，经学校批准，可以休学。具体休学次数和期限、申请程序由学校规定。一般来说，休学期限为一年，休学次数不超过 2 次。

第二十八条规定：休学学生应当办理手续离校。学生休学期间，学校应为其保留学籍，但不享受在校学习学生待遇。

具体流程：由学生本人提出申请，出示相关证明，然后由学校教务部门按照程序进行审核，审核通过后，学生拿到休学文件，最后办理离校手续，方可离校。

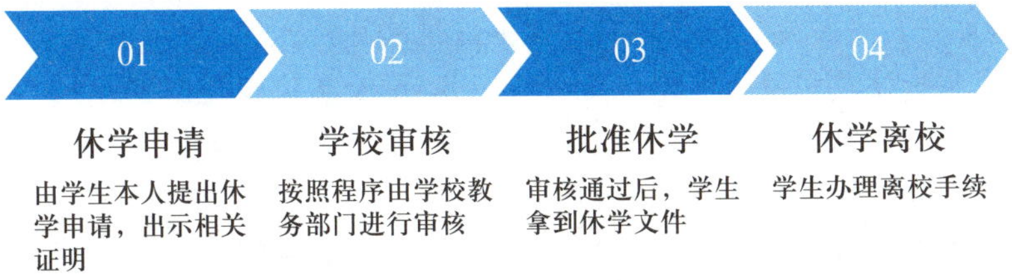

如何办理复学手续?

《普通高等学校学生管理规定》第二十九条规定：学生休学期满前应当在学校规定的期限内提出复学申请，经学校复查合格，方可复学（图 4-19）。

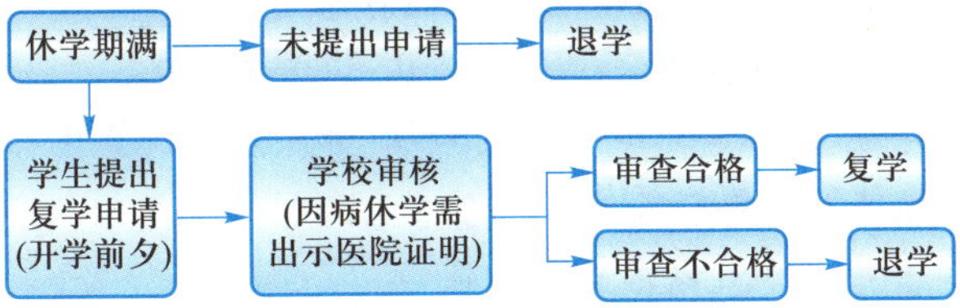

图 4-19　复学流程图

每个学校对复学都有具体规定。一般来说，学生休学期满，应于当学期开学前夕向学校申请复学。如因病休学，在申请复学的时候还需出具指定医院的诊断证明，经复查合格方可复学。

休学、保留学籍期满，在学校规定期限内未提出复学申请或者申请复学经复查不合格的，学校可作退学处理。

习题

一、单项选择题

习题答案

1. 学分制源于美国，1894年美国________大学首先采用学分制。

A. 斯坦福　　B. 加州　　C. 哈佛　　D. 波士顿

2. 1918年________在国内率先实行“选课制”。

A. 南京大学　　B. 北京大学　　C. 清华大学　　D. 天津大学

3. 高校学分认定的最主要方式为________。

A. 通过课程考核认定　　B. 直接认定

C. 通过网络平台认定　　D. 通过高校之间学分互认

4. 根据《中华人民共和国学位条例》和《中华人民共和国学位条例暂行实施办法》的规定，科研机构经国务院授权可授予________。

A. 学士学位和硕士学位　　B. 硕士学位和博士学位

C. 博士学位　　D. 以上答案都不对

5. 下列教育阶段中没有学位的是________。

A. 专科教育阶段　　B. 本科教育阶段

C. 硕士研究生阶段　　D. 博士研究生阶段

6. 下列教育阶段中有学位的是________。

A. 小学教育阶段　　B. 中学教育阶段

C. 专科教育阶段　　D. 本科教育阶段

7. 发肄业证书或者写实性学习证明的对象是________。

A. 取得毕业资格的学生　　B. 退学的学生

C. 休学的学生　　D. 开除学籍的学生

8. 对公共选修课理解错误的有________。

A. 全校所有学生都可以选修的课程

B. 全校所有专业学生都可以选修的课程

C. 学校设置的，不同的学校有不同的选修课设置和管理办法

D. 只有公共管理专业学生可以选修的课程

9. 发给结业证书与获得毕业证书的条件主要区别在于________。

A. 学生在学校规定学习年限内学习

B. 修完教育教学计划规定内容

C. 成绩合格，达到学校毕业要求

D. 成绩不合格，未达到学校毕业要求

10. 关于学位证书遗失或损坏的描述错误的有________。

A. 可以补发

B. 不予补发

C. 经本人申请，学校核实后可出具相应的证明书

D. 证明书与原证书具有同等效力

11. 张三是自动化专业（学科门类为工学）学生，他想辅修学士学位，他不可以选择的专业为________。

A. 会计学（学科门类为管理学）

B. 安全工程（学科门类为工学）

C. 金融工程（学科门类为经济学）

D. 商务英语（学科门类为文学）

12. 以下考核方式中不属于过程性考核的有________。

A. 综合性大作业　　B. 阶段性测验

C. 课堂专题讨论　　D. 期末考试

13.《湖南省高等教育辅修专业学士学位教育管理暂行办法》对辅修学位总学分规定的最低界限是________。

A. 30　　B. 40　　C. 50　　D. 60

14.《普通高等学校学生管理规定》：学生休学期间，学校________为其保留学籍，但不享受在校学习学生待遇。

A. 应当　　B. 不应当

C. 视情况而定　　D. 学校自行规定

15. 学生休学期满向学校申请复学的时间一般为________。

A. 任何时期　　B. 当学期期中

C. 当学期开学前夕　　D. 当学期放假前夕

16. 授予学士学位的共性条件有________。

A. 补考或重修学分控制在一定范围内

B. 学位课程的成绩达到相应分数且不多于几门课程不及格

C. 取得毕业资格

D. 英语水平、计算机水平达到相应要求

17. 本章介绍的大学“套路”指的就是大学超市构成体系中的________。

A. 管理体系　B. 资源体系　C. 环境体系　D. 服务体系

18. 不可以向学校提出休学申请的情况有________。

A. 入伍　B. 结婚　C. 创业　D. 因病

19. 《普通高等学校学生管理规定》：对学校通过补考、重修获得的成绩，学校应当予以________。

A. 注销　B. 标注　C. 撤销　D. 警示

二、多项选择题

1. 大学“套路”主要是由一些学习制度构成的，主要包括________。

A. 学籍管理制度　B. 补考重修制度

C. 考试管理办法　D. 学位授予办法

E. 辅修教育管理

2. 某专业人才培养方案在“学制”这一部分作了这样的规定：“标准学制4年，弹性学制3—6年”。这就意味着________。

A. 该专业学生完成学业的基本修业年限是4年

B. 该专业学生可以在完成培养方案规定学习任务前提下提前1年毕业

C. 该专业学生可以因为创业等原因延迟3年毕业

D. 该专业学生可以因为创业等原因延迟6年毕业

E. 该专业学生可以因为创业等原因延迟1—2年毕业

3. 根据《中华人民共和国学位条例》和《中华人民共和国学位条例暂行实施办法》的规定，高等学校经国务院授权可授予________。

A. 学士学位　B. 硕士学位

C. 博士学位　D. 博士后

E. 以上答案都不对

4. 高等教育方面的学历层次有________。

A. 中专　B. 专科　C. 本科

D. 硕士研究生　E. 博士研究生

5. 下列关于学历和学位关系的描述正确的有________。

A. 学历和学位是有很大的区别，不能画等号的

B. 学位是学术称号，学历是学习经历

C. 学历是学术称号，学位是学习经历
D. 学历证明了学习的经历，而学位是学习水平和层次的体现
E. 获得了学历证就能获得学位证
6. 学历证书包括________。
A. 毕业证书　　B. 结业证书
C. 肄业证书　　D. 写实性学习证明
E. 只有毕业证书一种
7. 学年学分制与学年制的区别主要表现在________。
A. 学制年限　　B. 毕业要求　　C. 课程开设
D. 学业状况　　E. 考核形式
8. 取得毕业证的基本条件有________。
A. 在学校规定学习年限内学习
B. 修完教育教学计划规定的全部内容
C. 成绩合格
D. 达到学校毕业要求
E. 没有受过留校察看及以上处分
9.《中华人民共和国学位条例》规定的获得学士学位的条件有________。
A. 取得毕业资格
B. 成绩优良
C. 较好地掌握本门学科的基础理论、专门知识和基本技能
D. 具有从事科学研究工作或担负专门技术工作的初步能力
E. 英语通过国家四级、计算机等级考试通过国家二级
10. 下列可以直接认定学分的有________。
A. 参加创新创业活动
B. 发表与专业学习、学业要求相关的论文
C. 获得与专业学习、学业要求相关的专利授权
D. 参加社会实践活动
E. 选修“大学来了”公共选修课

三、判断题

1. 学年指的是教育年度，从每年的1月1日到12月31日。(　　)
2. 学年学分制是我国大学最主要的教学管理制度。(　　)
3. 从辅修教育的管理来看，辅修专业和辅修学位基本上都是采用学年

制管理。(　　)

4. 学历证就是毕业证。(　　)

5. 每所学校对毕业都有自己不同的要求，同一所学校不同专业对毕业既有共性的条件，也有个性的条件，具体的要求都体现在每个专业的培养方案。(　　)

6. 写实性学习证明属于学历证书的一种。(　　)

7. 结业后是否可以补考、重修或者补作毕业设计、论文、答辩，以及是否颁发毕业证书、学位证书，由学校规定。(　　)

四、论述题

1. 学位与学历有什么区别？我们怎样才能顺利地拿到学位呢？

2. 开展辅修教育有什么重要意义？在大学学习期间，你有兴趣参加辅修专业或辅修学位学习吗？

3. 有人说："不挂科就不叫大学"。你认同这句话吗？你觉得挂科对你的大学生涯有什么影响？

第 5 章
“学霸” 是这样炼成的

5.1 E 时代的学习方法

课 件

马冬晗，是清华大学的“学霸”，清华大学本科生特等奖学金获得者，清华精仪系团委副书记、学生会第一位女主席。她在学习科研、社会工作、文学艺术、体育锻炼等方面全面发展。马冬晗自述刚进入清华的时候成绩并不理想，但是她坚持从各方面要求自己，每周制定学习计划，每天早上 6∶40 准时进入自习室，这才成长为大家眼中的“学霸女神”。可见，学霸炼成之路是跟自主学习分不开的。

5. 1. 1 自主学习

视频

自主学习是一种与传统的“接受学习”、“机械学习”相对应的现代化学习方式。美国学者齐默曼从学习动机、学习方法、学习时间、学习的结果、学习的物质环境、学习的社会性六个方面对自主学习的实质作出了解释。他认为，自主学习的动机应该是内在的或自我激发的（学习者是自己想学、要学的）；学习的方法应该是有计划或自动化的（学习者能够自主选择学习方法并且有一定的效果）；学习时间的安排是定时而有效的（学习者对学习任务有时间限制，有自己的学习节奏）；对学习的结果是有自我意识的（学习者能很好地评估自己的学习效果）；对学习的物质和社会环境保持高度的敏感和随机应变能力（自主学习者能够明白影响学习的环境因素所在，选择合适的地方或同伴来促进学习）。

自主学习可以划分为 3 个阶段，分别是计划任务、行为监控和自我反思阶段。具体来讲，在自主学习过程中，学习者不仅要有清晰的目标和计划；还要对自身的学习行为进行主动调节和控制；也要基于外部反馈，进行反思，充分利用各种资源促进自己的学习行为。

在现实生活中很少有完全的自主者或者完全的不自主者，我们只需改进自己某些方面的不足，就可以提升自主学习能力。

1. 制定合理的目标计划

制定目标需要充分考虑两个维度：一是在时间维度上，要将长期、中期和近期目标相结合；二是在内容维度上要将自身现状与外部环境相结合（图5-1）。

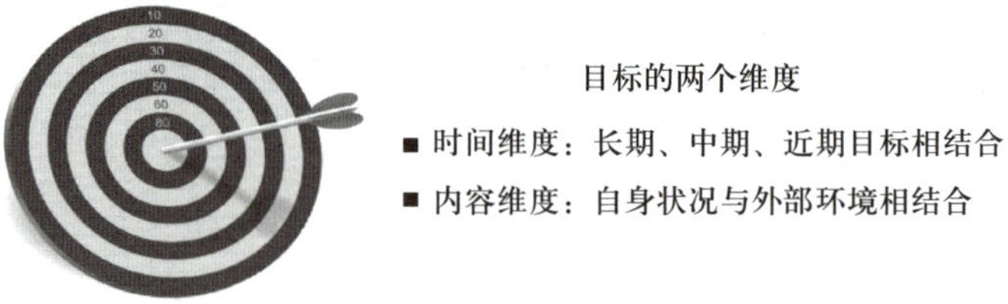

图5-1　目标的两个维度

确定长期、中期和近期目标

人生的长期目标，可能是我们未来十年、二十年甚至几十年为之奋斗的方向，应该定得比较远大一些，这样有利于发挥自己的潜能。

长期目标往往比较模糊、遥远，因此，我们可以将其分解成一些中期目标，一般中期目标可以是三至五年，大家可以以“大学毕业”为界，想想“大学四年后进入怎样的企业?”这类与未来发展有关的问题。

在中期目标的指引之下，我们可以按照学年、学期为阶段来制定短期目标（图5-2）。综合考虑学校的教学安排和个人的兴趣来提升自己某些方面的技能或知识。

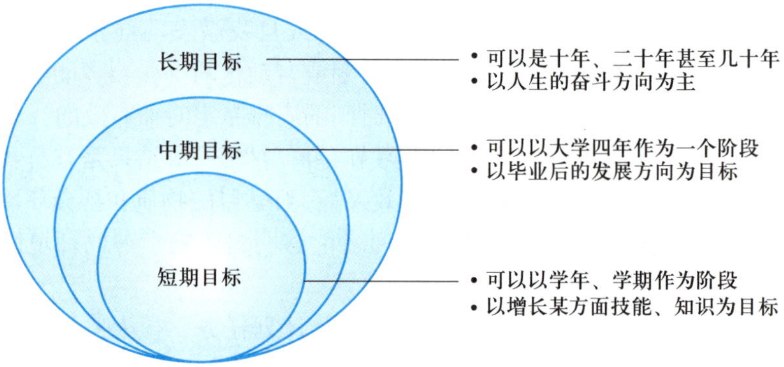

图5-2　短期目标、中期目标与长期目标

分析自身状况和外部环境

制定目标除了要考虑时间维度，在内容上还要充分分析自身状况和外部环境。因为只有了解自我，我们才知道自己实现目标的起点；只有了解了社会对人才的要求、国家经济发展状况等外部环境，我们的目标才能更加切合实际。

有了目标之后，我们还需要与之匹配的具体行动计划，请看图 5-3 这张“史上最牛计划表”。

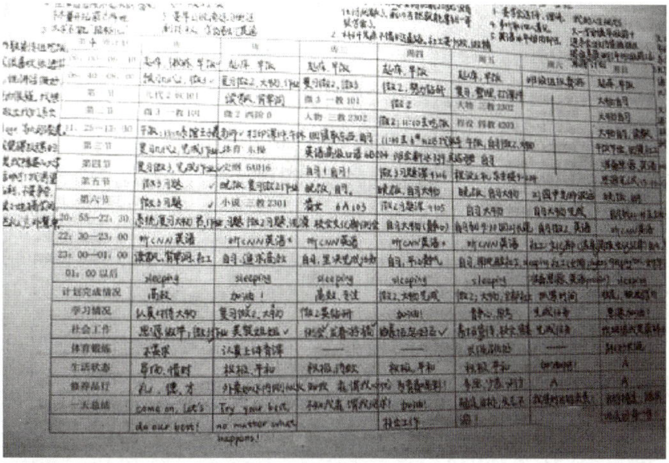

图 5-3 “史上最牛计划表”

这就是之前给大家介绍的“学霸”——马冬晗的学习计划表，同学们可能会觉得难以企及，但是这张计划表上依然可以给我们很多启示：

第一，围绕学校的课程安排，统筹各项事务。马冬晗的计划表围绕着学校的课程表，安排了学习情况、社会工作、体育锻炼等各类事情；

第二，固定的时间做固定的事情，把握学习节奏。马冬晗的计划表近乎严苛，从早上 6：30 到晚上 1：00 都有安排，但是有句俗话叫“自律得自由”，在固定的时间做固定的事情有利于我们更好地把握学习节奏；

第三，注重每天的总结反馈，计划有一定的弹性。在这张计划表上，我们可以看到马冬晗十分注意对个人计划完成情况进行总结，而且让计划有一定弹性，允许自己也有完不成任务的时候。

2. 促进计划的有效执行

大家或许经常会有这样的体验：事情比较多，可利用的时间也是很充足的，但是我们每次都得拖到最后几天才做，拖延成为完成计划的最大障碍。

造成拖延的原因是多种多样，对于大学生而言，主要是由三个方面的因素所引起的。

一是任务性质，一些太困难或者枯燥的任务容易导致拖延，例如对于文科生来讲，可能高数作业就比语文阅读更易让人拖延。

二是外界环境，指的是一些现实和虚拟世界的诱惑和干扰。例如玩手机容易让人忘记时间，造成拖延。

三是个人原因，通常是指的是人的心理方面的因素，心理学家皮尔斯·斯蒂尔认为，低期望（即缺乏自信）、低价值感（即认为要做的事没什么意义）、高冲动（即追求即时的满足和回报）的人更容易拖延。

针对这三个方面的拖延原因，我们可以相应地采取一些措施：

针对困难与枯燥的任务，我们或许可以从以下两个方面入手：

① 分解任务：当我们把一个事情认知成很大的时候，往往会望而却步，而当我们把其分解成一个个比较容易完成的小事就能较好地解决。例如，写毕业论文是一件令人头疼的事情，很多同学不知如何着手，这个时候如果能够将写毕业论文分解成为选题、调研、开题等具体的部分就没有那么容易拖延了。

② 学会求助：比如说在写调查报告的时候，数据统计可能对于你而言是非常枯燥的，这时你可以找一个喜欢数据统计的同学合作，求助他解决统计问题，与他共享合作成果。

针对外部环境的干扰与诱惑，我们应该学会对环境进行改善，具体来讲可以给大家两个方面的建议：

① 利用群体效应：在大学里一同玩乐的人不在少数，一同进步的人也有不少，营造积极进取的班级氛围、宿舍氛围能够帮助我们改善学习的人际环境。例如，我们会发现有些宿舍特别容易出现学霸，甚至有整个宿舍都考上研究生的现象。

② 屏蔽外界诱惑：例如，图书馆比宿舍更容易让人静下心来学习；关掉微信，放下手机，也可以让我们更快地完成任务。

针对个人的心理原因，最重要的则是改变思维方式，对自己进行积极的心理暗示。

例如：大家可以把“这个任务太大了……”这类容易让人沮丧的话变为“这个任务我可以每次完成一小步”。

把“我必须/我一定得……”这类强制性话语变为“我选择/我想要……”。

把“这件事没任何意义”这类绝对否定句变为“完成这件事还是有一些作用的”。

通过像这样的内在言语的转换，对自己进行积极心理暗示可以在一定程度上帮助我们减少拖延行为。

3. 学会进行学习反思

反思是一种非常有效的学习手段，但常常被我们忽略。目标的制订实际上是一个动态的过程，由于现实中有许多不确定性的因素存在，总会有这样那样的情况让我们原来制定的目标与现实情况存在偏差，这就要求我们不断反思。

在这里给大家介绍两款应用软件，可以帮助我们了解学习现状与目标之间存在的差距，协助我们进行反思。

iHour 软件

iHour 这款应用软件可以帮助我们规划、记录自己的时间投入（图 5-4）。具体说来可以做到：

图 5-4　iHour

① 对单项任务计时：基于“1 万小时天才定律”，软件可以帮助我们了解背单词、练琴、看书等技能方面所投入的时间；

② 防止时间浪费：对于一些浪费时间的事情可以设置倒数计时，有效防止我们将太多的时间放在无意义的事情上；

③ 分类统计时间花费：可以对你每日、每周、每月等在不同事物上的时间花费进行统计；

④ 增加学习成就感：当满足特定条件时，如单个计划已累计执行了 100 个小时，便会解锁相应的成就，激发我们的学习热情。

格志日记

格志日记主要借鉴了九宫格日记法，可以帮助我们将自己生活中的经历分门别类地进行记录，帮助我们更好地认识和反省自己的行为，督促自己完成计划、达成目标（图 5-5）。

这款软件会设置一些与“每天的活动和感受”相关的题目，例如“今天锻炼了吗”、“花了多少钱”、“做了什么重要决定”和“什么事情让我感动了”等，我们只要根据自己的实际情况——记录到格子里就可以了。

图 5-5　格志日记

5.1.2　合作学习

视频

我国教育名著《学记》中曾提到“独学而无友，则孤陋而寡闻”。英国剧作家萧伯纳曾经说过：“如果你有一个苹果，我有一个苹果，彼此交换，每个人只有一个苹果；如果你有一种思想，我有一种思想，彼此交换，每个人就有了两种思想，甚至多于两种思想。”

这两句名言都体现了合作学习的理念。合作学习是指有一致的目标和任务，有明确责任分工的互助性学习。合作学习可以培养我们的合作精神、创新能力，帮助我们克服学习过程中的孤独感和焦虑感。学会合作能够帮助我们更好地应对多元世界与复杂问题，增强适应未来工作与生活的能力。

E 时代背景下，我们除了可以在现实的世界结识学习伙伴，面对面地进行交流和开展各项学习活动，也可以通过各种网络平台找到志同道合的学习者，利用计算机网络、多媒体软件开展交流分工合作。以这个角度来看，合作学习可以是线上的，也可以是线下的，还可以是兼而有之的。无论是线上还是线下，高效的合作学习都应具备以下特征：一是有共同明确目标；二是成员之间积极的互相依赖；三是成员之间有明确的责任分工；四是成员具备良好的表达沟通等参与技巧。

1. 线上的合作学习范例——虚拟学习社群

人们利用互联网相互沟通，通过互动形成虚拟社群，它是人际关系、共享经验的累积与凝聚。由互联网架构出来的虚拟社群，不仅提供了信息流通的通道，同时也累积了这些信息中所蕴含的知识，形成一种巨大的知识仓库。随着信息技术的发展，互联网络上的虚拟社群已成为一种重要的知识共享平台。

学习类虚拟社群平台主要有四种：一是博客类，如 QQ 空间、新浪博客等；二是开放式网络百科全书，如百度百科、互动百科等；三是文档分享平台，如百度文库、新浪资料、豆丁网等；四是社交互动平台，如微信读书、小木虫论坛等（图 5-6）。

图 5-6 学习类虚拟社区

如今“社群式学习”成了一种非常流行的学习方式，以前，学习是一个人的事，更偏向于私人化。常见的画面是“一个人坐在那里安安静静地读书”，如今，学习流行“组团”，一群人会聚在一个微信群里，签到、打卡、交流心得……

我们以微信读书和扇贝单词为例，一起来了解虚拟学习社群。

“微信读书”是基于微信关系链的阅读应用软件。它能够基于大数据分析和好友建议为用户推荐合适的书籍，满足了个性化需求；可查看微信好友的读书动态、与好友讨论正在阅读的书籍，促进交流互动；还可以和好友比拼阅读时长，进行阅读排名，增添了阅读的趣味性（图 5-7）。

“扇贝单词”是一款英语学习软件（图 5-8）。为了能够督促用户背单词，扇贝设立了打卡制度，即每天完成自己预先设置的背单词、炼句、阅读的任务后，需要打卡，才算是完成了一天的任务。打卡成功后，会获得相应的虚拟奖励，还可以将学习情况分享到微信、微博、QQ 空间等地方，让朋友一起见证你的成长。

图 5-7　微信读书

图 5-8　扇贝单词

除此之处，扇贝还设计了小组功能。扇贝小组是将目标一致的人聚集在一起，互相监督，互相激励的一个社区。在这个部落式的小组里，你可以分享资料，交流感想。小组成员需要坚持背单词，保证小组的打卡率。小组之间也会设有排名，组员们要共同努力，使你的小组在其他的小组当中脱颖而出，这样的共同努力让每一个小组成员都有成就感、归属感。

参与虚拟社群学习，还要注意两个问题。

一是保持真诚而不失谨慎。虚拟学习社群中的交流主要由语言和文字组成，具有及时性、开放性、匿名性等特征。在认真参与、坦诚相待的同时，也要特别注意善于对相关信息的鉴别，注意法律规范和文明礼仪。

二是努力做一名积极的学习者。社群不可能在一种惰性状态下生存，因此交流、交互对虚拟学习社区的形成非常重要。积极参与社群活动的学习者会比“潜水者”收获更多，对社群的贡献更大。

2. 线下的合作学习范例——竞赛和实践活动

在大学，我们经常能够看到各种科技竞赛、创新创业竞赛和社会实践活动的宣传海报。这些活动大多以小组团队为报名单位，是培养团队合作能力、创新创业能力，促进知识转化、技能应用的重要载体。

影响最大的是“挑战杯”全国大学生系列科技学术竞赛，这是一项全国性的大学生课外学术与实践竞赛，共有两个并列项目，一个是“挑战杯”全国大学生课外学术科技作品竞赛，另一个则是“挑战杯”中国大学生创业计划竞赛（图 5-9）。这两个项目的全国竞赛交叉轮流开展，每个项目每两年举办一届。

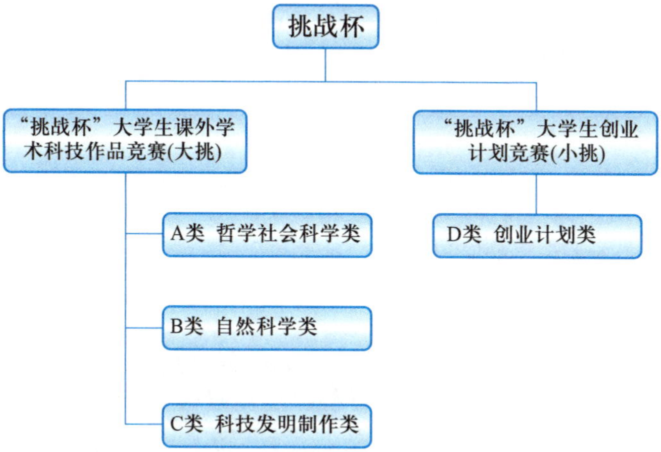

图 5-9 “挑战杯”全国大学生系列科技学术竞赛

“挑战杯”全国大学生课外学术科技作品竞赛的作品一般分为 A、B、C 三大类：A 类为社会科学类社会调查报告，例如 2016 年获得全国特等奖的《中国典型湿地发展影响因素探究之旅——基于对山东、宁夏、云南三省十年生态科考的思考》；B 类为自然科学类学术论文，例如《疯牛病中神经细胞死亡的分子机制研究》；C 类为科技发明制作，例如《基于碳纤维可穿着超级电容器储能器件的研制》（图 5-10，图 5-11，图 5-12）。

“挑战杯”中国大学生创业计划竞赛的作品可以是服务类的，比如家政旅游公司；也可以是科技类的，比如电子科技公司（图 5-13）。

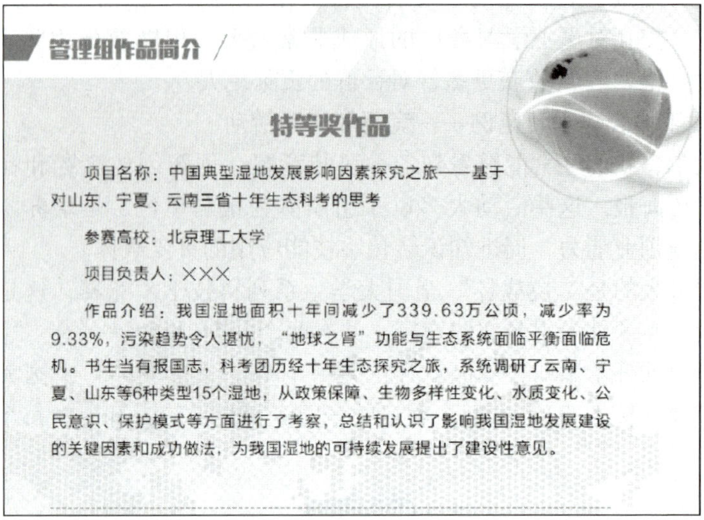

管理组作品简介

特等奖作品

项目名称：中国典型湿地发展影响因素探究之旅——基于对山东、宁夏、云南三省十年生态科考的思考

参赛高校：北京理工大学

项目负责人：×××

作品介绍：我国湿地面积十年间减少了339.63万公顷，减少率为9.33%，污染趋势令人堪忧，“地球之肾”功能与生态系统面临平衡面临危机。书生当有报国志，科考团历经十年生态探究之旅，系统调研了云南、宁夏、山东等6种类型15个湿地，从政策保障、生物多样性变化、水质变化、公民意识、保护模式等方面进行了考察，总结和认识了影响我国湿地发展建设的关键因素和成功做法，为我国湿地的可持续发展提出了建设性意见。

图 5-10 “挑战杯”特等奖作品介绍（管理组）

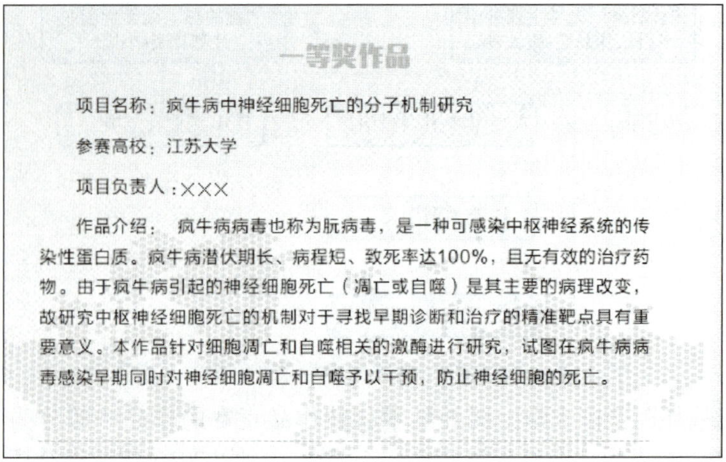

一等奖作品

项目名称：疯牛病中神经细胞死亡的分子机制研究

参赛高校：江苏大学

项目负责人：×××

作品介绍： 疯牛病病毒也称为朊病毒，是一种可感染中枢神经系统的传染性蛋白质。疯牛病潜伏期长、病程短、致死率达100%，且无有效的治疗药物。由于疯牛病引起的神经细胞死亡（凋亡或自噬）是其主要的病理改变，故研究中枢神经细胞死亡的机制对于寻找早期诊断和治疗的精准靶点具有重要意义。本作品针对细胞凋亡和自噬相关的激酶进行研究，试图在疯牛病病毒感染早期同时对神经细胞凋亡和自噬予以干预，防止神经细胞的死亡。

图 5-11 “挑战杯”一等奖作品介绍

能源化工类

特等奖作品

项目名称：基于碳纤维可穿着超级电容器储能器件的研制

参赛高校：中山大学

项目负责人：×××

作品介绍：本项目针对Fe2O3廉价、理论电容高但导电性差的特点，提出氧空位调控和导电高分子包覆的策略克服Fe2O3导电性差的瓶颈，实现了Fe2O3电极储能性能的显著提高；并研制出铁基柔性可穿戴超级电容器。此外，针对碳纤维柔韧性好但电容性能差的特点，本项目提出快速简单的可控电化学活化策略，同时增加碳纤维的活性面积和官能团，使其储能能力提升2000倍以上，为发展规模化制备高性能碳基负极材料提供新思路和实验依据。

图 5-12 “挑战杯”特等奖作品介绍（能源化工类）

2016年“创青春”中航工业全国大学生创业大赛
金奖项目获奖名单
(共134个，其中内地高校项目131个，港澳高校项目3个)

中航工业第十届“挑战杯”大学生创业计划竞赛
(共75个，其中内地高校项目73个，
港澳高校项目2个)

农林、畜牧、食品及相关产业组

南京工业大学	南京维思创新材料科技有限公司
四川大学	三思百乐生物科技有限责任公司创业计划
浙江海洋学院	鱼体“复活”
齐鲁工业大学	山东九酿生物科技有限公司
浙江工商大学	杭州味之极味觉智能检测仪器有限公司
宁波大学	伊穆家园
鲁东大学	鸿发一木本油料桐产业链开发

图 5-13 2016 年“创青春”中航工业全国大学生创业大赛金奖项目获奖名单

竞赛采取学校、省（自治区、直辖市）和全国三级赛制，分省级预赛、全国复赛、全国决赛三个赛段进行（图5-14）。

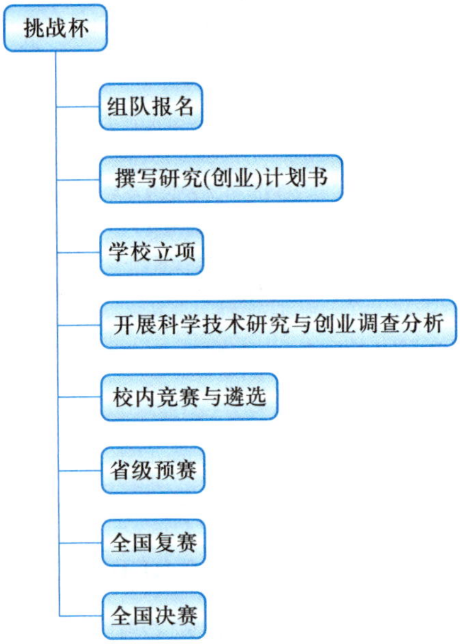

图5-14 “挑战杯”竞赛程序

另外一项是“三下乡”暑期社会实践活动。大学生“三下乡”是指“文化、科技、卫生”下乡，是各高校在暑期开展的一项意在提高大学生综合素质的社会实践活动，由中央14个部委联合开展，已成为各大高校锻炼学生社会实践能力的一种重要的常规性活动。各高校每年都会组织具有专业特色的“三下乡”团队，深入农村、企业、厂矿普及“文化、科技、卫生”知识技能。

2016年全国三下乡社会实践活动就设立了八个重点团队，分别是理论普及宣讲团、国情社情观察团、科技支农帮扶团、教育关爱服务团、文化艺术服务团、爱心医疗服务团、美丽中国实践团、“彩虹人生”实践服务团。以此为参照，各省（自治区、直辖市）、各高校都组建了相关的师生队伍开展暑期社会实践活动（图5-15）。

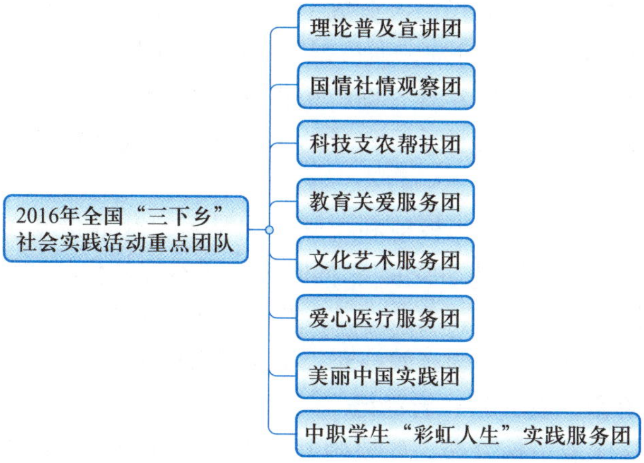

图 5-15 2016 年全国“三下乡”社会实践活动重点团队

5.1.3 碎片化学习

视频

1. 碎片化学习概述

伴随着 E 时代的到来，“刷屏”成为了我们学习、生活不可缺少的一项活动，人们走路时刷、吃饭时刷、睡觉前后刷、甚至上课时也在刷。大学生的学习方式也日益呈现出“碎片化”、“快餐式”的状态。

碎片化学习是指没有明确目标指向，通过碎片化媒体（手机、Pad、电脑、书本、电视，音频、视频、文本、图像等）和碎片化资源（微博、微信、微课、短文等），利用碎片化时间（等车、排队、如厕等）进行的非正式学习。它具有时间灵活可控、内容容易获取、注意力容易维持等特点，已成为年轻人所推崇的新型学习方式，可以帮助我们拓宽视野、了解前沿信息以及解决生活中的一些简单问题。

与此同时，碎片化学习存在许多弊端。

一是碎片化影响了知识的应用。碎片化导致了知识之间的联系被中断，知识如果无法形成完整的体系，就难以发挥作用。因此，我们常常会有“好像学到了很多，但又感觉好像什么都没学会”的感觉。

二是容易导致认知偏差。大量的短、频、快且图文并茂的碎片化信息进一步加剧信息超载现象，增加大脑的认知负荷和选择难度，导致被动接受、缺少深度思考、注意力分散、甚至产生认知方面的偏差等不良现象。

三是容易产生信息污染现象。碎片化信息中大量的虚假、劣质、不完整、不准确的成分产生信息污染现象，占据了有限的时间，屏蔽并淹没了真正有价值的信息与知识。

四是碎片化学习对正式学习造成干扰。学生在学习的时候用手机或者Pad上网浏览、聊天或玩游戏，而占据了大量的时间。

高等教育的任务是培养具有创新精神和实践能力的高级专门人才。要成为优秀的专门人才，需要学习大量的基础性的经典知识和高度结构化的学科知识。

E时代下，我们应该积极地利用碎片化学习，获取最新资讯，丰富知识储备，避免“书到用时方恨少”；同时还应该对碎片化的知识进行深度加工，将其系统化、结构化，避免“茶壶里煮饺子，有货倒不出”。最终促使碎片化学习成为系统学习的有效补充，实现两者的无缝连接、相辅相成。

2. 知识存取工具介绍：云笔记

学习就好比盖一栋大楼，先要画好图纸，设计出一个承重结构，然后铺钢筋，最后才放水泥和沙子。图纸相当于我们的学习目标与计划，承重结构相当于我们的学科知识技能框架，水泥沙子相当于我们的知识点。因此，我们首先要明确自己的发展方向，依据学科专业要求，设计好自己的知识和技能的体系；然后去充实这个架构，将接收到的碎片化信息与学科专业知识，建立准确而有效的联系，这样才可以避免我们被极大的信息碎片打乱节奏。

要最大程度发挥碎片化学习的优势，可以从以下两个方面来努力。

第一个努力方向是促进知识的“善存易取”。利用网络收藏、整理知识，实现存储有序、提取便捷、化零为整、知识创新的目标。我们向大家推荐一款知识的存取工具：云笔记。

云笔记是一款跨平台的简单快速的个人记事备忘工具，操作界面简洁高效。课堂笔记、日程安排、生活备忘，奇思妙想、快乐趣事以及任何突发灵感都可快速记录到云笔记。

利用云笔记促进知识的“善存易取”，主要有两个环节，第一个环节是收集整理环节，收集的设备可以是手机或Pad，也可以是电脑；收集的内容可以是文字、图片、语音、文档、网页、微信、微博中的内容等，对资料进行精简、合并；将资料按规则进行命名；建立若干级文件夹存放相关资料；经常对文件夹内的资料进行整理调整。

第二个环节是知识的存储与提取环节。云笔记中的资料是采用云存储的方式而保存的。我们可以用手机app、电脑软件与或登入网页编辑或者提取资料，可以通过关键词和存储日期，进行搜索查找相关资料。

云笔记（图5-16）还有云协作功能，我们可以建立云协作团队并赋予相关权限；团队成员能够共享、编辑、下载群文件。

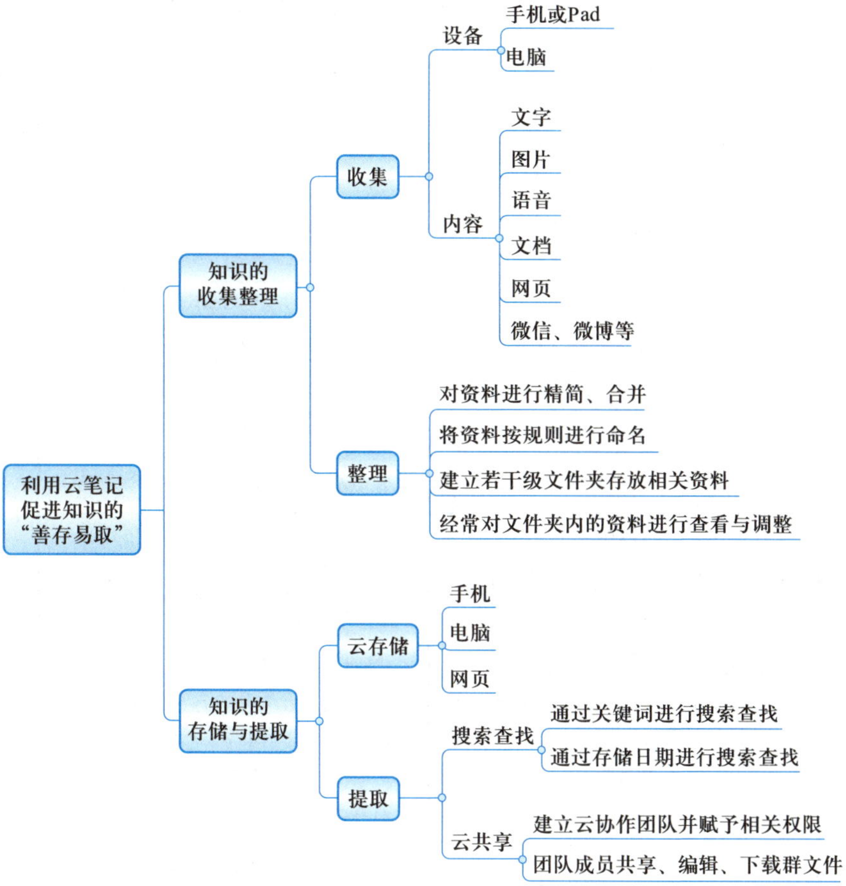

图 5-16　云笔记

3. 知识结构化工具介绍：思维地图

发挥碎片化学习优势的第二个努力方向，是促进知识的“结构化”。它指的是通过对碎片化信息进行加工和总结，将其归纳成知识结构的形式，以达到深度加工、紧密连接，形成体系的目标。

我们向大家推荐一款知识结构化工具：“思维导图”。

思维导图是用来进行建构知识，发散思维，提高学习能力的一种可视化工具。学科知识体系的构建需要积累大量的知识点，而知识点通常是模糊的、零散的；知识点之间的关系是隐性的，弱联结的，学生难以形成对整个学科的清晰认知。运用思维导图可以帮助我们将知识梳理成清晰的知识体系，层次分明，脉络清晰，一目了然。

发明者设计了 8 种类型的思维导图分别是：圆圈图、气泡图、双气泡图、树型图、括号图、流程图、复流程图、桥型图（图 5−17）。

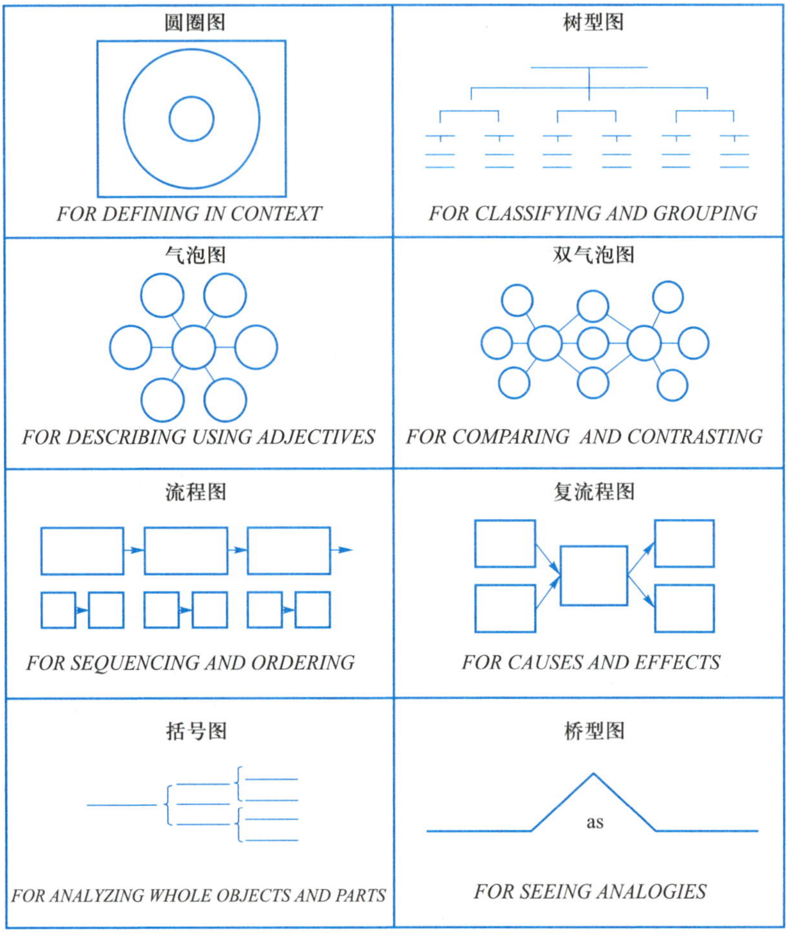

图 5−17　思维导图

我们来看看几种常用的思维导图类型。

圆圈图：主要是通过提供相关信息来展示与一个主题相关的知识，它的作用是分析和描述。例如我们想知道 E 时代的大学学习的背景和特征，用这一张图就能形象地描绘出来，比单单用文字表述形象了不少（图 5−18）。

双气泡图：主要用来进行对比和比较。我们来看看大学和“商业超市”的对比。两者都有丰富的商品和周到的服务。大学具有商品的“无形性”、选择的“约束性”、消费的“生产性”，付费的“非全额性”，供求的“复杂性”（图 5−19 和图 5−20）。

圆圈图

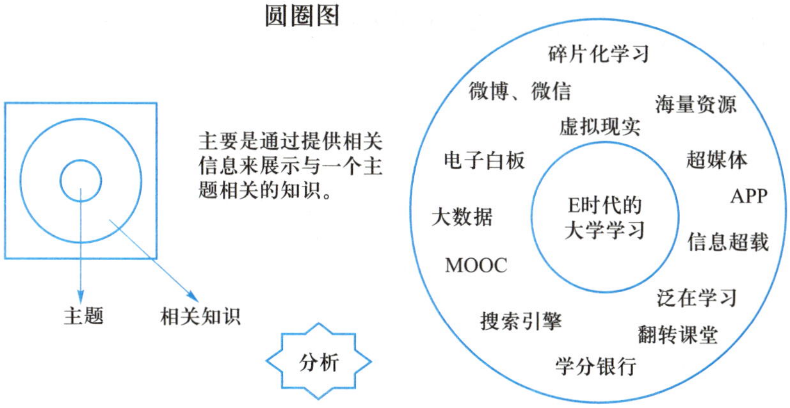

图 5-18 圆圈图

双气泡图

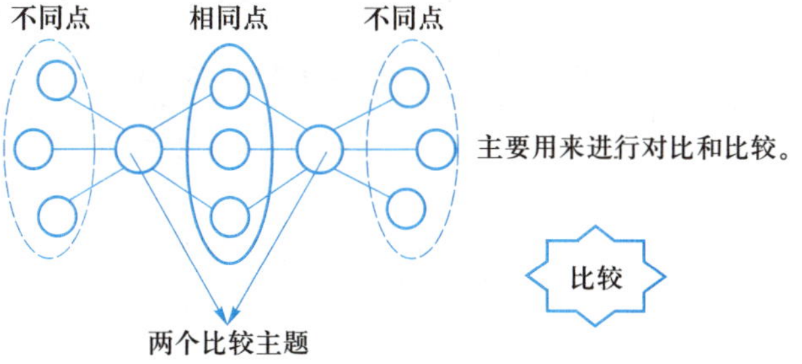

图 5-19 双气泡图

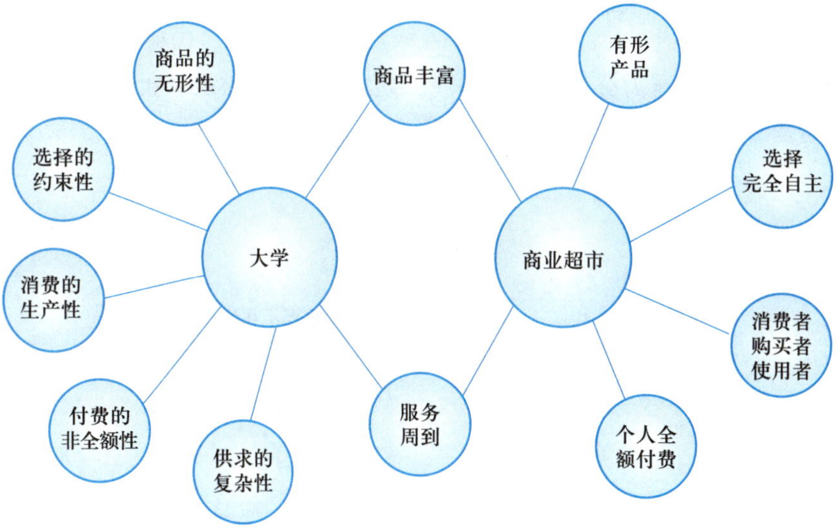

图 5-20 大学与商业超市双气泡图

括号图：主要用于分析、理解事物整体与部分之间的关系。我们用括号图来梳理了一下合作学习这一小节包含了哪些内容（图5-21和图5-22）。

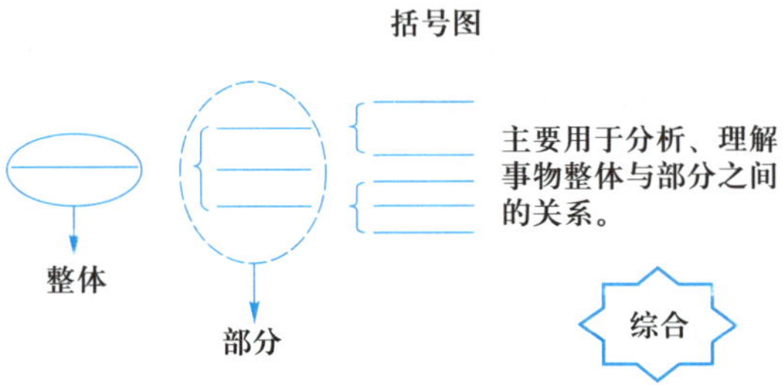

图5-21　括号图

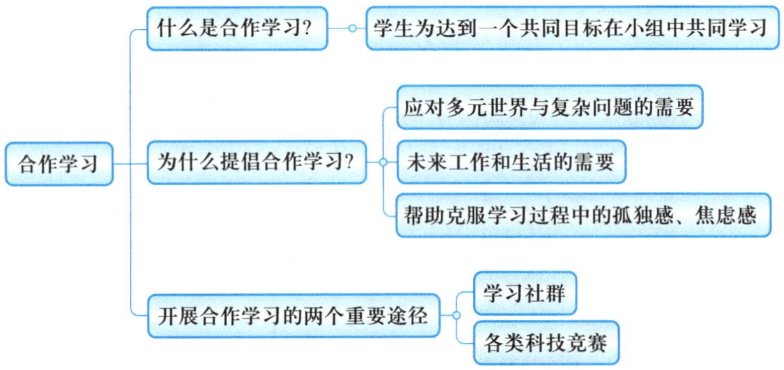

图5-22　“合作学习”括号图

复流程图：用来展示和分析因果关系。我们用复流程图来说明E时代下碎片化对大学生学习的影响。信息超载、时间分散、内容碎片化导致了E时代大学生注意力分散、思考表浅，认知片面（图5-23和图5-24）。

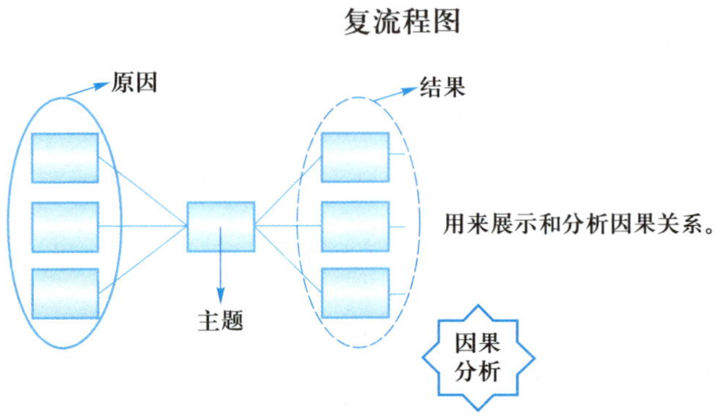

图5-23　复流程图

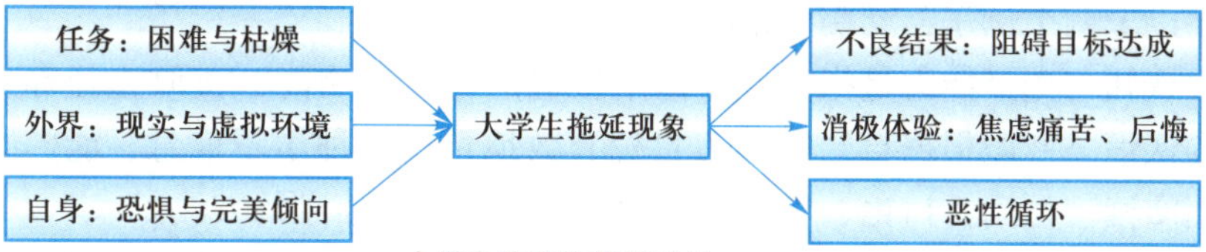

大学生拖延的前因后果

图 5-24 “大学生拖延现象”复流程图

5.2 E 时代的学习能力

课 件

“明月几时有？把酒问青天。不知天上宫阙、今夕是何年？”这是宋朝著名诗人苏轼《水调歌头》中的诗句，当代词曲者将其改编成了耳熟能详的歌曲《明月几时有》。

2017 年，是苏轼诞辰 980 周年，清华附小的学生与老师、家长们通力合作，做出了一份“大数据分析苏轼”的报告，一时刷遍了朋友圈。文章的几位作者利用互联网的大数据搜索，整理了苏轼诗词的高频用词，还展示了研究过程中克服困难、解决问题的学习方法和学习能力。

的确，互联网时代，我们能利用的网络学习资源非常丰富，就像一个埋在海底的巨大宝藏，我们开发多少，就有多少的资源等待被我们利用。

然而，伴随网络资源不断增多，质量参差不齐，是不是所有开发的网络资源都能被我们有效加以利用呢？结果不得而知。如何从海量的网络资源中筛选出符合学习需求的优质资源，提升网络学习效率与效果，这就需要考验学习能力。

因此，要想成为“学霸”，除了学习方法要改变适应互联网时代的发展，还需要具备与之相匹配的学习能力。下面，重点介绍三种能力，即认知与选择能力、质疑与评估能力、生产与创造能力。

5.2.1 认知与选择能力

视频

在学习几何的时候，有个三角形内角和定理，即三角形的内角和等于 180°。于是，我们在遇到求三角形角度数的题目，会很自然的选择这个定理来运算。

英语中的“be”动词：am、is、are。它们都表示“是”的意思，但是却有各自固定的搭配，例如 I am、he/she is、you/they are。因此，我们在写作和表达的时候很自然地会根据主体选择不同的“be”动词。

以上两个例子，其实就是我们在做认知与选择。

认知与选择能力是指对各种网络资源的性质、功能、获取途径等有基本的认识，并能根据自己的学习目标有效地选择各种学习信息，能熟练地使用阅读、访问、讨论、参观、实验、检索等获取信息的方法。

当下互联网为大众的生活与工作带来了很多便利。同学们可以在自己的空间内运用网络平台解决人际交流、衣食住行、学习与工作等方面的问题。现有网络资源平台按功能来划分，大致可以分为新闻资讯类、社交类、游戏娱乐类、生活服务类、专业学习类等。而专业学习类的网络资源又可以细分为网络课程、网络课件、考试网站、交流平台、电子书籍、电子期刊等。由此可见，对各种网络资源的性质、功能、获取途径等有基本的认知是我们有效选择各种学习信息的前提。

信息论中有一条著名的公理：信息多了等于没有信息。不经过选择的信息往往是泛化的、大而无当的信息。因此，网络时代的学习，首先要完成对网络资源的认知和选择，其原则一般是：

——目的性原则。即基于问题的学习。就是你要信息干什么？

学习的起点不是某人在朋友圈晒的一本书、推荐了一篇文章或者是所学的专业经典教材引发了你的焦虑，而应该是你真实遇到的一个问题，想去探索和解决。

怎么发现问题？具体来讲，有三个步骤：

（1）通过不断地思考和对话，一直到能清晰地提出一个明确具体的问题——这时候，问题其实已经解决了一半。

清华附小的学生、老师和家长们用大数据分析苏轼，他们首先确定了要发现的“问题”：苏轼诗词中哪个词出现频率最高？苏轼诗词中出现的景区哪个品牌价值更高？除了诗词以外苏轼还有哪些成就？等等。

（2）把问题拆分出几个关键字，然后开始搜索信息源。

例如，苏轼诗词中哪个词出现频率最高？（见图 5-25）

我和爸爸通过一段程序把苏轼的3458首诗词进行了分词研究，找出了这些诗词中的高频词。
排名前50的高频词表如下：

子由	归来	使君	不见	故人	平生	人间	何处	无人	万里
229	157	152	148	135	130	123	122	119	109
东坡	何时	明月	归去	西湖	白发	青山	江南	草木	惟有
108	101	100	92	92	90	85	84	83	83
山中	风流	东风	不须	江湖	春风	可怜	明年	新诗	梅花
80	78	75	73	73	72	70	70	68	66
风雨	当时	当年	佳人	闻道	清风	俯仰	道人	南山	太守
66	66	63	62	61	61	60	60	59	57
饮酒	秋风	去年	黄州	公子	少年	回首	诗云	归路	何曾
57	56	56	51	54	54	53	52	52	51

注：每一个词下面的数字代表它在苏轼诗词里面出现的次数

图 5-25　苏轼诗词中排名前 50 的“高频词”

（3）找到你想要的答案（见图 5-26）。

这是苏轼一生中“归来”在诗中出现的次数分布图：

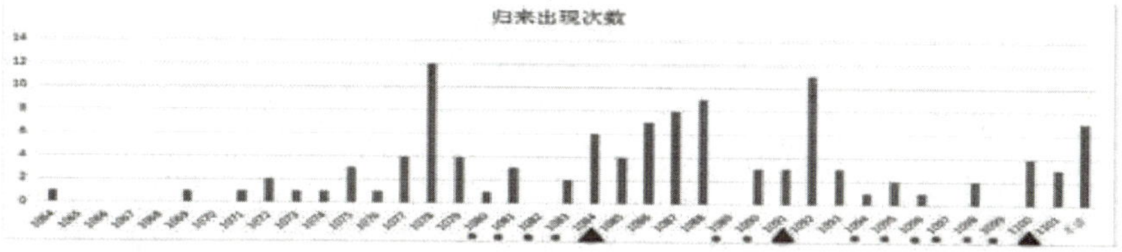

我们查找了苏轼三次被谪的经历，即第一次(1080—1084)，因为“乌台诗案”遭到新党诬陷，被谪黄州。第二次(1089—1091)，因为不同意司马光尽废新法，被谪杭州、颍州。第三次(1094—1101)，因为与章惇政见不合，被谪惠州、儋州。把这些时间节点都标注到图中，其中蓝色点的区域是被谪的时间，红色的三角是每次被谪结束的年份。

我们发现，每次被谪结束之后，苏轼诗中的“归来”出现的次数都会有所增加，苏轼这些“归来”诗，与他跌宕起伏的一生似乎存在着联系，他一直满怀忧国之情，总能将这些归去归来的经，化作美好的文学意境。

数据分析的结果印证了我们的猜想，让我们从一个新的角度认识这位文学巨匠。苏轼一生忧患重重，多次被贬，正是这些苦难的经历和丰富的阅历，使苏轼更关心民间疾苦，更亲近大自然，使他的作品成为传世的杰作。时至今日，我们读苏轼的诗词，仍然能感到无限的哀怨和悲凉，更能体味到中国文化的深厚底蕴和幽香。

图 5-26　苏轼诗词中“高频词”之一“归来”的分析结果

——效率性原则。迅速准确地判断信息源，善用搜索引擎等高效率的网络信息检索工具。

目前，大多数同学只会或习惯利用百度解决生活、学习上遇到的一些小问题，对于如学术性文献、硕博论文、期刊杂志等专业性较强的信息，特别是一些外文文献，不知如何搜索、下载，检索能力低下。

比如会计专业学生要查询财经数据信息，这就要到专门的财经网站进行查询下载，例如中国金融网、中国财经、中国财经报网等，如果靠百度查询得到结果，其知识的权威性和准确性就比较低了。

而相比于百度、谷歌等搜索引擎，很多同学对学校和国家花大力气建设的网络课程、课件及教学资源等了解还相对较少，对网络学习资源获取途径的了解和认知还不够全面。比如高校图书馆电子阅览室购买的知网、万方等数据库这些资源在信息的准确性和专业的权威性方面都是很高的。

借助图 5-27“中国社会化媒体格局分布”中，可以看到部分网络资源的分布情况。每种网络平台的性质、功能不一样，通过其所获取的网络资源也就不一样。例如我们想要规划查找旅游信息时，第一时间就会想到携程网、途牛网、淘宝飞猪旅行等；想购物时，就会打开淘宝、京东、唯品会等；叫外卖，就打开美团网；想买书，就去当当网。

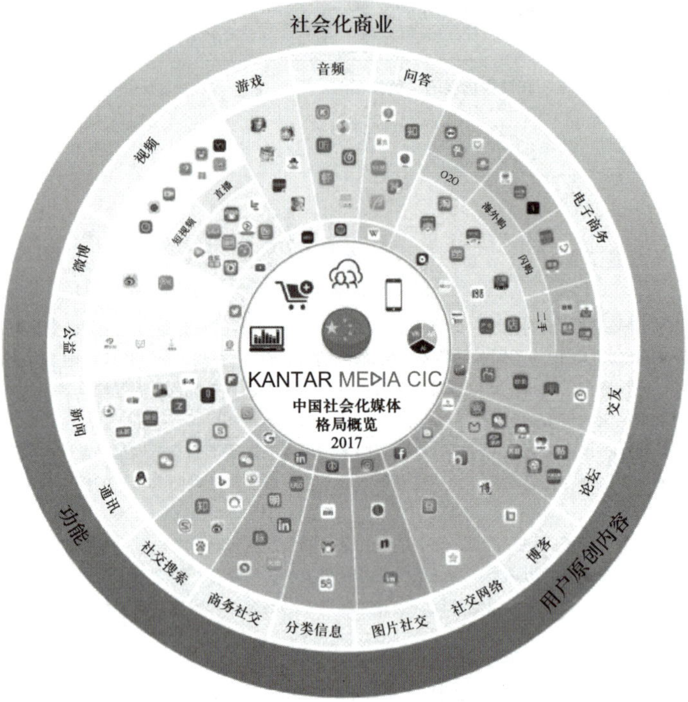

图 5-27　2017 年中国社会化媒体格局图

——操作性原则。这是关键环节，关乎问题解决的成败。

网络是以计算机技术为基础的，要对信息进行选择，必须培养自己的网上技能，也就要懂得如何在网络上操作，这些技能包括交流与沟通技能，浏览与查询技能，信息发布与网络参与技能等。本书第三章“学习资源‘E网打尽’”已经有详细的推荐和介绍，不再赘述。

以下是清华附小学生利用网络大数据分析苏轼，阅读、访问、讨论、检索、处理与加工资源的部分过程（图 5-28、图 5-29 和图 5-30）。

2) 基础资料查找

我们上网搜索各种版本的苏轼诗词全集，但是发现要把每一首诗词对应的年代和地点都找出来，却是一件艰苦而且巨大的工程，因为没有一个网站能完成这样的任务。

后来我们发现了两本工具书，一本是《东坡先生编年诗》【五十卷清乾隆二十六年(1761)海宁查氏香雨斋刻本】，另一本是《苏轼词编年校注》【中华书局“中国古典文学基本丛书”邹同庆、王宗堂著】，这两本书对苏轼的诗词按照年进行了编排，可以实现我们的想法。

图 5-28　“大数据分析苏轼”基础资料查找图（一）

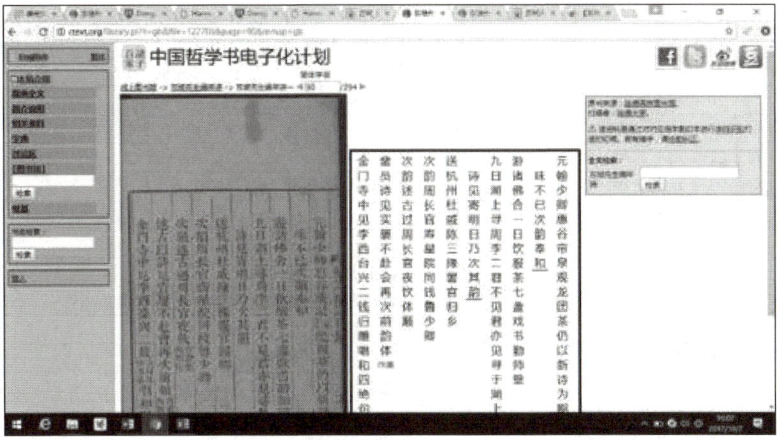

我们是从编年诗入手的，工具书虽然找到了，但还有很多工作需要完成：

第一，由于这本古籍书，是竖排排版，文字的识别率不是很精确，很多工作需要人工再次确认。

第二，我们需要手工查询每一卷诗创作的年代和地点。

我们开始分工，把五十卷书中的每一卷书的年代和地点都找来处理，做出了一张对应表格：

卷号		纪年	公元	地点/作诗数量
卷	1	仁宗嘉祐4年己亥冬	1059	荆州，42首
卷	2	仁宗嘉祐5年庚子春	1060	荆州赴京，39首
卷	3	仁宗嘉祐6年辛丑十一月	1061	在风翔，52首
卷	4	仁宗嘉祐8年	1063	在风翔，38首
卷	5	治平元年甲辰	1064	在风翔，45首
卷	6	神宗熙宁二年	1069	在杭州，50首
卷	7	神宗熙宁辛亥	1071	在杭州，50首
卷	8	神宗熙宁五年	1072	在杭州，69首
卷	9	神宗熙宁六年	1073	在杭州，61首
卷	10	神宗熙宁癸丑	1073	在杭州，58首
卷	11	神宗熙宁癸丑	1073	在常润，77首
卷	12	神宗熙宁七年	1074	在密州，48首
卷	13	神宗熙宁八年	1075	在密州，43首
卷	14	神宗熙宁九年	1076	在密州，66首
卷	15	神宗熙宁十年	1077	在徐州，63首
卷	16	元丰元年	1078	在徐州，63首
卷	17	元丰戊午	1078	在徐州，51首

图 5-29 “大数据分析苏轼”基础资料查找图（二）

卷	18	元丰二年	1079	在湖州，47首
卷	19	元丰己未	1079	五月在湖州，八月至十二月入狱，50首
卷	20	元丰三年	1080	黄州，60首
卷	21	元丰辛酉年，壬戌年	1081	黄州，89首
卷	22	元丰六年	1083	黄州，42首
卷	23	元丰七年	1084	离开黄州至筠过金陵，44首
卷	24	元丰七年	1084	从金陵经过真润扬淮在泗州过年，56首
卷	25	元丰八年	1085	从泗州去南京得请放归，到常州，56首
卷	26	元丰八年	1085	登州，被召回京都担任礼部郎，51首
卷	27	哲宗元祐元年	1086	京都，任中书舍人，翰林学士知制诰，38首
卷	28	哲宗元祐二年	1087	京都，翰林学士，42首
卷	29	哲宗元祐二年	1087	京都，翰林学士，47首
卷	30	哲宗元祐三年	1088	京都，翰林学士，57首
卷	31	元祐四年己巳	1089	春由翰林学士除龙图学士四月以后出知杭州，49首
卷	32	元祐五年庚午	1090	在杭州，71首
卷	33	元祐六年辛未	1091	春在杭州守任三月后还朝八月出知颍州，63首
卷	34	元祐六年辛未	1091	八月以后合明年三月以前在颍州任，67首
卷	35	元祐七年壬申	1092	自颍移知扬州其年九月以兵部尚书还朝，53首
卷	36	元祐壬申秋	1092	自扬州还朝，65首
卷	37	元祐八年癸酉	1093	九月出知定州合明年甲戌四月谪惠州过金陵，52首
卷	38	绍圣元年甲戌	1094	西江赴岭外十月到惠州，44首
卷	39	绍圣二年乙亥	1095	惠州，74首
卷	40	绍圣三年丙子	1096	惠州，69首
卷	41	绍圣四年丁丑	1097	惠州谪昌化，43首
卷	42	元符元年	1098	儋州，51首
卷	43	元符三年庚辰	1100	自儋州移廉州，52首
卷	44	元符庚辰	1100	离廉州在韶州，43首
卷	45	徽宗建中靖国元年	1101	自南安归常州，42首
卷	46			补录帖子诗口号诗65首
卷	47			遗诗19首补编诗45首
卷	48			补编诗92首
卷	49			他集互见诗47首
卷	50			他集互见诗43首

我们兴奋得以为这下就可以大功告成了，可是真是高兴得太早了，我们开始查询的第一首诗就出了问题。《次韵和王巩挨》在《东坡先生编年诗》的第十册里面，可是第十册居然有2个电子文本(在扫描过程中现代人对这本古籍进行了重新的分册，十六本纸质书被扫描成了23册电子文本)，每个电子文本里面还有好几卷呀，我们如何能够迅速定位这首诗是在具体的那一卷里面呢？看样子搞研究真不是一件容易的事情啊！

图 5-30 “大数据分析苏轼”基础资料查找图（三）

5.2.2 质疑与评估能力

视频

曾经，一则关于左右脑年龄的测试在朋友圈被广为传播。测试中，只要通过扫描测试结果图中的二维码并回答几个设定的问题后，便会生成一张显示有左右脑两个年龄测试结果的图片（图 5-31），图片的下方还配有相关的文字解释。

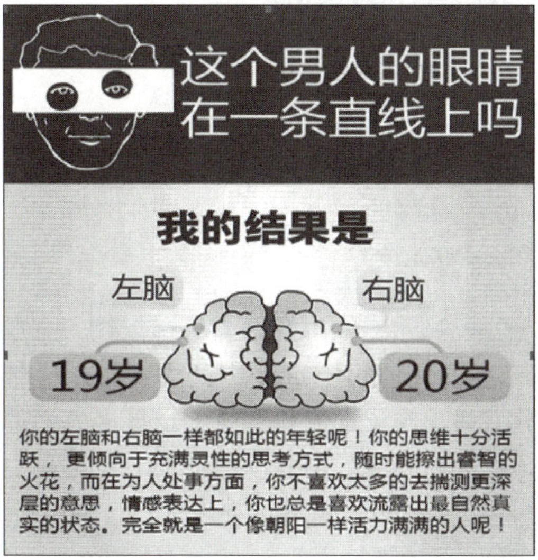

图 5-31 "你的左右脑分别几岁"测试结果

对于这种小测试你是什么态度呢？有的人认为这纯属娱乐，体验一回，结果如何无关紧要；有的人则从一开始就认为是一场游戏，娱乐大众而已，不相信也不参与；有的人测试完后，对结果半信半疑又无法从专业角度解读评价；也有的人对结果深信不疑，还广泛传播推广，以此为行动蓝本和依据。如果是最后一种情况，那就会直接误导我们对很多事情的本质理解和客观评判。

关于左右脑年龄的测试，官方已有权威发布和正声（图 5-32）。

因此，在纷繁复杂、鱼目混珠的网络信息环境中，需要质疑与评估能力。

质疑与评估能力，是指通过客观地了解信息产生的来龙去脉，能明了信息的本来意图，洞察信息的本质性意义，并探讨其效度与信度，探讨制作意图、制作技术、心理效果。简言之，就是要去伪存真，去粗取精，为我所用。

图 5-32　公安部刑侦局关于"左右脑年龄的测试"官方微博发布

然而，在实际学习与研究中，每个人的质疑与评估能力和知识面宽窄有关，并且受文化背景、专业素养和生活阅历等多方面的影响。因此，质疑与评估能力是需要不断积累、培养和锻炼的。这也是生产和创造能力培养的必要前提。可以从以下几个方面来训练：

一是多问几个为什么。

清华附小学生研究时发现，苏轼一生去过很多地方，也用很多诗歌赞美过很多美景，这些美景后来很多成为了风景名胜，例如苏州园林、秦淮河畔等。苏轼也成了它们最好的旅游品牌代言人。那么问题来了：苏轼作为一个风景名胜的代言人，他的品牌价值究竟有多大？围绕这一问题，诞生了"人杰地灵——苏轼的旅游品牌价值分析"这一课题研究。

许多科学家之所以能够取得杰出的成就也是因为他们敢于对前人所取得的成果进行反思、质疑，对于能适应不同条件的部分给以肯定，对于不能适应条件变化的部分给以否定或抛弃，并代替以新的事物。屠呦呦因发现青蒿素治疗疟疾的新疗法获得 2015 年诺贝尔生理医学奖，她是第一位获得诺贝尔生理医学奖的华人科学家。2015 年度感动中国人物中这样描述她，"春草鹿呦呦：青蒿一握，水二升，浸渍了千多年，直到你出现。为了一个使命，执着于千百次实验。萃取出古老文化的精华，深深植入当代世界，帮人类渡过一劫。呦呦鹿鸣，食野之蒿。今有嘉宾，德音孔昭。"

二是多与"大咖"交流探讨。

定期浏览专业官方网站和专业论坛，这些网站里有现实生活中的热点问题和专业相关的知识，通过解读权威，了解某些问题的发展趋势，提高我们对专业知识的分析和学习，掌握更多的知识也可以和别人进行专业话题的交流。在交流探讨的过程中尝试流畅表达自己的观点和看法，并提出建议和解决方法。

此外，微博和微信也可以很好地利用起来。对一些专业领域的个人微博可以长期关注，这些专业人士对现阶段的热点问题都有自己的见解，能针对问题的根本提出有效的解决方案，这些都是我们在课堂中学不到的实战经验，对这样的问题要多听多看多分析，把这些知识和专业结合到一起，变成自己的一个知识体系。

微信不仅是一个很好的即时交流网络平台，我们也可以在其中的公众号和订阅号上随时学习专业性知识，而且微信的公众号还会定期推送现阶段的热点问题和专业知识，这些信息都是理论和实际工作结合的实务知识。

三是多个角度看问题。

多年前，英国《泰晤士报》出了一个题目，公开征求答案，题目是：从伦敦到罗马最短的道路是哪条？很多人都从地理位置的角度找答案，结果都落选了，只有一个答案获奖：一个好朋友。

获奖人说：“我没有单从地理的角度想问题，而是另辟新径。”

我们回想一下，其他答案错了吗？没有。这个获奖答案同样正确。只不过一个是从地理角度，一个是从人性角度。同一个问题可以得出不同的正确答案。

再来看一个高考作文题目：一个圆，一个三角形，一个半圆，哪个图形与其他两个不同？按通常的思维，这道题一定只有一个答案，可再想一想呢？选三角形是因为它是唯一一个用直线构成的图形。选圆是因为它是唯一一个用曲线围成的封闭体系。选半圆是因为它是唯一一个用曲线和直线共同围成的图形。瞧，这道题有三个答案，可这三个答案都是挑不出毛病的。

正所谓“横看成岭侧成峰，远近高低各不同”，同样一篇文章从不同角度看也有不同感悟，同样一件事，用不同的方法去解决，最终结果或许都一样。“条条大路通罗马”，连人们对大师毕加索的画都褒贬不一，我们又何必只在一个答案上找出路呢？

5.2.3 生产与创造能力

清华附小学生用大数据分析苏轼的一系列文章，为什么会“火”？很大程度上是因为大家对他们的学习生产与创造能力感到惊叹和震撼。

生产与创造能力指的是在认知、选择、理解和批判的基础上，能准确地概述、综合、改造和表述所需要的信息，使之简洁明了，通俗流畅并且富有个性特色。例如，同学们在大学毕业的时候要提交专业的毕业设计和学位论文，不仅是对四年大学专业学习的梳理、归纳、总结和提炼，更是对我们生产与创造能力的训练和考验。

那么，如何培养我们的生产与创造能力呢？可以尝试从以下两个方面努力：

一是进行有效学习，坚持在实践中学习，避免学习式娱乐。

有效学习指的是通过实践等手段内化所学知识，使其为我所用。而学习式娱乐指的是享受汲取知识，并将其保存至大脑短期记忆的快感。比如，走马观花地看完本书或者完成一门网络课程的学习，会觉得很爽，因为完成了一项任务。但是学习式娱乐终究只是娱乐，而不是有效学习。很多同学期待看一遍就要记住一本书的核心，但这种学习式娱乐，极少能让我们把书中所学内化到大脑的长期记忆存储区。

行动学习理论中有个“721 法则”，它认为，人要掌握一门技能，需要有 10%的时间学习知识，20%的时间与人沟通和讨论，70%的时间练习和践行。

建议同学们如果想要领悟并记住一本书的核心内容，应该在读完后积极寻找机会去践行书中所学。当在践行中遇到疑问时，再回看书中的相关内容。比如，在看了经典的 PPT 教程后，就立刻动手按照书中的指引制作了一个 PPT。随着实践的次数越来越多，也最终内化了这些 PPT 制作技巧。

以下是清华附小学生做完《人杰地灵——苏轼的旅游品牌价值分析》课题学习的心得体会（图 5-33）。

通过这次研究我们还学会了很多新知识。

1. 在这次研究中，我们多次使用Excel表格和Word文档，在这个过程中我们学会了如何用Excel表格快速使用同样的公式进行计算以及如何将表格复制到Word文档里面等很多Microsoft Office技术。
2. 在查找景点价值时因为大部门景点的价值都找不到，为了找到景点价值，我们学会了如何通过一些已知的数据来间接估算出你想要找的数据。
3. 在查找诗句的过程中，我们找到了很多以前没有学过的苏轼的诗，读到了一些精彩的诗句。比如：“恨君不上东封顶，夜看金轮出九幽”（《和子由四首韩太祝送游太山》），又比如“飞霙要欲先桃李，散作千林火迫春”（《次韵赵德麟雪中惜梅且饷柑酒三首其一》）。

图 5-33 《人杰地灵——苏轼的旅游品牌价值分析》课题学习心得体会

二是广泛涉猎，既“专”又“博”，避免“书到用时方恨少”。

大家会不会有这样的困境？就是我们对待问题，解决困难，很多时候会有一些粗浅和基本评估，但是一旦要系统分析与表达出来，就觉得无从下手，脑海里搜寻个遍，可用的东西少。这主要是因为我们可用的研究“工具”和“路径”少。

“恋爱中的人容易变傻？”不知道同学们是否听过这个说法，或是感同身受，无法解释。尝试“百度”了一下，发现相关的信息和解答五花八门。

下面我们从“心理能量守恒定律”来系统分析一下。

众所周知，在物理学上，有能量守恒定律，主要内容是无论能量的形态怎么转变，能量的总和永恒不变。心理学认为，人的心理能量也是个恒定的量。在正常的情况下，人的心理能量是向外的，也就是说，人把心理能量用在学习、工作、社交和娱乐等诸多方面。但是，当人有了心理问题以后，心理能量是向内的，核心围绕一个“我”字。正如热恋中的人脑子里总在思考的问题：对方有没有在想“我”？“我”做什么才能让对方更加开心？“我”是不是哪里没做好让对方又生气了？……

根据“心理能量守恒定律”，如果过多地关注“我”，用在学习、工作、社交和娱乐等诸多方面的心理能量势必就会减少，也就无法避免地造成效果的降低，导致效率的下降。这样就不难理解热恋中的人为什么容易变“傻”了。

分析到这里，生产与创造的过程是不是就结束了呢？当然不是。我们还要因势利导，趋利避害，提出建议和解决方案：合理地使用心理能量。首先是心理能量还原，就是把心理能量从过度关注自身的过程中撤出，投入到有意义的活动当中。作为学生应该把自己的主要心理能量用在学习上，争取在学生时代学到更多的文化知识和专业技能，为将来能在社会上立足奠定坚实的基础；其次是减少心理能量的无谓消耗。恋爱中情感的表达和相处方式有很多，比如相约去看电影可以换成结伴去图书馆自习；每天模式化的嘘寒问暖可以转移成对专业或者社会热点问题的关注交流和评价，将节省的心理能量用在有意义有价值的事情上，这样的恋爱关系积极向上且历久弥新。

这样一个命题，经过生产与创造，同学们是不是觉得原本生涩乏味、一知半解的知识，突然变得妙趣横生、豁然开朗呢？真是“山穷水复疑无路，柳暗花明又一村”。

“工欲善其事，必先利其器”。如果我们尽可能地了解和掌握更多的理论和公式，夯实理论基础，丰富优化知识结构与体系，就如同生产与创造拥有了“工具”，找到了“路径”，自然也就“读书破万卷，下笔如有神”了。

结语

同学们，经历过高考，大学来了，你们准备好了吗？

有人说，大学四年是一场“隐形”的高考，也有人说，大学四年其实是一场隐形的“加时赛。”

为什么是加时赛呢？

在体育比赛中，加时赛意味着胜负尚未明确，需要延长比赛时间以得出结果。高考决定的只是专业的方向和起点的高低，就像是一场预热，之后的四年才是真正较量的时刻，能跑多远，就是你自己的事情了。

四年以后，有人说：“读了几年大学，发现大家的笑点都不一样了。”确实是这样，不仅是笑点，我们的谈吐，见识，遇事的应变能力，经历好像都在这四年里慢慢地有了差距。

然而，这样的差距不是一天就造成的，是日积月累的结果，是今天你去图书馆我在宿舍打游戏，是明天你去复习功课我再看一部韩剧，是后天你去参加一个志愿活动而我想着去逛个街，是大后天你带着满满当当的简历拿到offer，而我只能尴尬地笑笑：“我不会。”

有人说高考很公平，努力学习和不努力学习会有不同的结果。

其实大学也很公平，努力提高自己的人和不努力提高自己的人也会有不同的结果。

同学们，希望四年之后的你，要么有好看的学历，要么有出色的能力，最好两者兼具。那个时候的你可能会发现，高考能给我们的东西远远不足以支撑未来，名校的光环也仅仅是暂时的，四年踏踏实实地完成自己给自己的许诺，拥有强大的实力，才是面对未来的真实底气。

同学们，大学来了，做你该做的事情，趁这场加时赛还刚开始。

习题

习题答案

一、单项选择题

1. ________是一种与传统的“接受学习”、“机械学习”相对应的现代化学习方式。

A. 自主学习 B. 合作学习 C. 发现学习 D. 深度学习

2. “独学而无友，则孤陋而寡闻”，体现了________的理念。

A. 自主学习 B. 合作学习 C. 深度学习 D. 系统学习

3. 要最大程度发挥碎片化学习的优势，可以从以下两个方面来努力。第一个努力方向，是促进知识的________、第二个努力方向，是促进知识的“结构化”。

A. 善存易取 B. 零存整取 C. 整存整取 D. 零存零取

4. 齐默曼认为自主学习可以划分为计划任务、行为监控、________三个阶段。

A. 自主认知 B. 自主分析 C. 自主实践 D. 自我反思

5. 总的来说，制定目标我们既要考虑时间维度，还要考虑________维度。

A. 空间维度 B. 内容维度 C. 地理纬度 D. 气候纬度

6. 造成大学生拖延的原因有：任务本身的性质、外界环境的干扰、________三个方面的原因。

A. 任务枯燥 B. 他人打扰 C. 环境吵闹 D. 个人自身原因

7. 大学生开展________，可以培养我们的合作精神、创新能力，帮助我们克服学习过程中的孤独感和焦虑感，更好地应对多元世界与复杂问题，增强适应未来工作与生活的能力。

A. 自主学习 B. 合作学习 C. 发现学习 D. 深度学习

8. 美国学者________认为现实生活中很少有完全的自主者或者完全的不自主者，我们只需改进自己某些方面的不足，就可以提升自主学习能力。

A. 齐内尔 B. 桑代克 C. 齐默曼 D. 斯金纳

9. 小王将“这个任务太大了……”这句话转换为“这个任务我可以每次完成一小步”，这样的话语转换是运用了________来改变拖延。

A. 积极的心理暗示 B. 换位思考

C. 分解任务 D. 学会求助

10. ________的特点是：团队有共同的明确的目标任务；成员之间形成积极的互相依赖；成员之间有清晰的责任分工；成员具备良好的学习能力和沟通能力。

A. 自主学习 B. 合作学习 C. 发现学习 D. 深度学习

11. ________是一种社交互动类的学习虚拟社群平台。

A. 互动百科 B. 百度百科 C. 豆丁网 D. 微信读书

12. ________具有时间灵活可控、内容容易获取、注意力容易维持等特点，已成为年轻人所推崇的新型学习方式。

A. 自主学习　B. 合作学习　C. 发现学习　D. 碎片化学习

13. ________是用来进行建构知识，发散思维，提高学习能力的一种可视化工具。

A. 思维地图　B. 云笔记　C. 番茄钟　D. 微信学习

14. 格志日记主要借鉴了________日记记录方法，可以帮助我们将自己生活中的经历分门别类地进行记录，帮助我们更好地认识和反省自己的行为，督促自己完成计划、达成目标。

A. 九宫格　B. 清单　C. 康奈尔　D. 剑桥

15. ________在思维地图中主要是用来展示和分析因果关系的。

A. 括号图　B. 气泡图　C. 复流程图　D. 树型图

16. ________是对各种网络资源的性质、功能、获取途径等有基本的认识，并能根据自己的学习目标有效地选择各种学习信息，能熟练地使用阅读、访问、讨论、参观、实验、检索等获取信息的方法。

A. 认知与选择能力　B. 质疑与评估能力

C. 生产与创造能力　D. 批判能力

17. ________是指通过客观地了解信息产生的来龙去脉，能明了信息的本来意图，洞观信息的本质性意义，并探讨其效度与信度，探讨制作意图、制作技术、心理效果。

A. 认知与选择能力　B. 质疑与评估能力

C. 生产与创造能力　D. 批判能力

18. “横看成岭侧成峰，远近高低各不同”启发我们要________。

A. 多问几个为什么　B. 多与“大咖”交流探讨

C. 多个角度看问题　D. 多逆向思维

19. ________是在认知、选择、理解和批判的基础上，能准确地概述、综合、改造和表述所需要的信息，使之简洁明了，通俗流畅并且富有个性特色。

A. 认知与选择能力　B. 质疑与评估能力

C. 生产与创造能力　D. 批判能力

二、多项选择题

1. 美国学者齐默曼从________学习的物质环境、学习的社会性等方面对自主学习的实质作出了解释。

A. 学习动机　B. 学习方法　C. 学习时间　D. 学习的结果

2. “学霸”马冬晗的学习计划表给我们带来的启示有________。

A. 围绕学校的课程安排，统筹各项事务

B. 固定的时间做固定的事情，把握学习节奏

C. 注重每天的总结反馈，计划有一定的弹性

D. 计划不如变化

3. 针对大学生存在的拖延的原因，我们可以相应地采取一些措施：________。

A. 分解任务、学会求助

B. 利用群体效应、屏蔽外界诱惑

C. 改变思维方式、进行积极心理暗示

D. 拖延是一件小事，人人都会有拖延

4. 无论是线上还是线下，高效的合作学习都应具备以下特征：________。

A. 有共同明确目标

B. 成员之间积极的互相依赖

C. 成员之间有明确的责任分工

D. 成员具备良好的表达沟通等参与技巧

5. 当前，学习类的虚拟社群平台主要有________。

A. 博客类，如 QQ 空间、新浪博客等

B. 百科类：即开放式网络百科全书，如百度百科、互动百科等

C. 文档分享平台类，如百度文库、新浪资料、豆丁网等

D. 社交互动平台类，如微信读书、小木虫论坛等

6. 知识的“善存易取”能够帮助我们实现以下目标：________。

A. 存储有序　　B. 提取便捷　　C. 化零为整　　D. 知识创新

7. 知识的结构化能够帮助我们达到以下目标：________。

A. 深度加工　　B. 紧密连接　　C. 形成体系　　D. 发散创新

8. 碎片化学习的弊端：________

A. 碎片化影响了知识的应用。

B. 容易导致认知偏差。

C. 容易产生信息污染。

D. 碎片化学习可能对正式学习造成干扰。

9. 大学生在参加各类竞赛和社会实践活动，要注意避免以下几种倾向________。

A. 松散性　　B. 突击性　　C. 功利性　　D. 理论性

10. 对网络资源的认知和选择，其一般原则有________。

A. 目的性原则　B. 效率性原则　C. 多样性原则　D. 操作性原则

三、判断题

1. 自主学习是一种与传统的“接受学习”、“机械学习”相对应的现代化学习方式。(　　)

2. 现实生活中很少有完全的自主者或者完全的不自主者，我们只需改进自己某些方面的不足，就可以提升自主学习能力。(　　)

3. 心理学家皮尔斯·斯蒂尔认为，低期望（即缺乏自信）、低价值感（即认为要做的事没什么意义）、高冲动（即追求即时的满足和回报）的人更容易拖延。(　　)

4. 自主学习是指有一致目标任务，有明确责任分工的互助性学习（　　）

5. 合作学习是一种现代化的学习方式，只发生在线下。(　　)

6. 现实生活中很少有完全的自主者或者完全的不自主者，不需改进自己某些方面的不足，就可以提升自主学习能力。(　　)

7. 自主学习是指有一致目标任务，有明确责任分工的互助性学习（　　）

四、填空题

1. 网络是以计算机技术为基础的，要对信息进行选择，必须培养自己的网上技能，也就要懂得如何在网络上操作，这些技能包括________，________，________等。

2. 行动学习理论中有个“721法则”，它认为，人要掌握一门技能，需要有10%的时间________，20%的时间________，70%的时间________。

3. 物理学的能量守恒定律，指的是无论能量的形态怎么转变，能量的总和永恒不变。心理学认为，人的心理能量也是个________的量。在正常的情况下，人的心理能量是________的，也就是说，人把心理能量用在学习、工作、社交和娱乐等诸多方面。但是，当人有了心理问题以后，心理能量是________的，核心围绕一个“________”字。

4. 合理使用心理能量，首先是________。即把心理能量从过度关注自身的过程中撤出，投入到有意义的活动当中；其次是________。

5. ________指的是通过实践等手段内化所学知识，使其为我所用。而________指的是享受汲取知识，并将其保存至大脑短期记忆的快感。

五、讨论题

1. 请你结合所学专业和个人实际情况，说说应该如何开展自主学习？

2. 参与虚拟学习社群时，要注意的事项有哪些?

3. 请你谈谈，我们可以在哪些方面努力，最大程度发挥碎片化学习的优势?

4. 对网络资源的认知和选择，首先要遵循目的性原则，即基于问题的学习。那么，怎么发现问题? 有几个步骤? 试举例分析。

5. 2017 年反腐题材剧《人民的名义》引发热议。有人是对反腐办案过程深感好奇，有人是对剧中的明星感兴趣，有人则探讨剧中的人性、欲望等等，还有人从剧中的国企改制、自主创业嗅到了创业商机。“一千个读者就有一千个哈姆雷特”，你赞同以上哪些角度或者感受更多? 试结合相关理论进行分析解读。